奇跡は１つの選択から始まった

高橋佳子

1992 年から広く一般に向けて開かれている著者の講演会。
これまで延べ 100 万人を超える聴衆を魅了してきた背景には、常に「理論」「モデル」「体験（実際に生きる）」がある。
その体系が、誰もが歩める道として開かれているからこそ、今、自らの運命を逆転させる人が次々と生まれ続けているのだ。

奇跡は１つの選択から始まった

運命の逆転

高橋佳子

目次

プロローグ

1章

3つの「ち」の法則——運命の重力圏を脱出する

2章

人生創造の法則——慣性力という運命を超える

3章

「心の鏡」の法則──幻想の運命を超える

4章 進化の法則――人生は3段階で進化する

（本文・口絵 写真のキャプション／文責・編集部）

プロローグ

誰もが「運命」の問題に向かい合っている

今、私たちが生きている21世紀――。

科学の発展によって、素粒子の極微の世界から、銀河宇宙の極大の世界まで、多くの謎が解明され、かつては夢物語だった様々な発明が実現しています。

空飛ぶ乗り物で国々を移動し、遠く離れた海外の知人と会話し、1つの場所に集まっているように会議を行い、自宅にいながら世界中の膨大な情報を手にすることができます。さらに人工知能によって、自動運転システムや医療における高度な鑑別診断など、人間をはるかに凌駕する仕事を効率的に行うことも可能になりつつあります。

しかし、どうでしょう。どれほど外なる世界の知見を積み重ね、便利なものを生み出しても、人生と世界は変わることなく、私たち人間にとって思うにままならないものであり続けている――。

持って生まれた身体的な条件や病がもたらす重荷、家族の死や自然災害などはもちろんのこと、あらぬ疑いをかけられて非難されたり、信じた人から裏切られたり、順調だったはずの仕事が横やりを入れられて頓挫してしまう。追い風を受けて上昇気流に乗ったかと思えば、風向きが変わって一転、不調に陥ってしまう。そして「よかれ」と思って行ったことが、ことごとく裏目裏目に出てさらに状況が悪化してゆく。

自分の人生なのに、自分ではどうすることもできない。まるで自分以外の何かが人生を左右しているかのように感じてしまう。

そんな現実を一言で言い表すとしたら、それは「運命」——。

「運命」とは、逃れられない定めとして私たちを束縛し、突然、力をふるって道をねじ曲げ、外から降りかかって私たちの人生を翻弄するもの——。

いかに科学が発達し、文明が進歩しても、私たちは、「運命」に弄ばれ、人生を脅かされているのです。

それなのに手立てがない

人は皆、人生の充実を願い、本当の幸せを求めています。

だからこそ、私たちは、人生をよりよく生きる方法とは何か、ものごとはなぜ起こるのか、世界のしくみはどうなっているのかを知りたいと願います。そして、降りかかってくる「運命」に対処する方法を何よりも欲します。

積極的な人なら、書物やテレビ、インターネットを通して、様々な情報を探し求めるかもしれません。しかし、探せば探すほど、求めれば求めるほど、肝心の人生や生き方について、自分自身が多くを知らないことに気づくことになるのです。

たとえば、**私たちの人生の根本にある問い——「私は何者か」「何のために生まれてきたのか」「人生をどう生きればよいのか」**——に答えたくても、その手立てがない。

現代では、多くの人々に教育の門戸が開かれています。わが国では大半の子弟が、大学や専門教育に進むと言っても過言ではありません。小学校から大学までなら約1万3千時間の授業・講義を受け、多くの教科の知識を吸収し、その使い方の訓練を受けることになります。

それだけの時間をかけて多くの知識を得ても、人生根本の問いに答える術も「運命」に対処する方法も、ほとんど教えられることはありません。

いかがでしょう。あなた自身を振り返って確かめてみてください。

あなたは、その解答を得てこられたでしょうか。

現実の私たちは、人生と世界を生きるために必要なことを何も学ばないまま、大人になってしまうのです。

知ると世界が変わる――内界と外界の法則

たとえば、人は自分の外側にある事象について話すことには慣れていても、自分の内側――心にある想いや考えのエネルギーについて話すことには慣れていません。

日々起こる現実は見えていても、その現実に応じて動いている心、逆に現実に多大な影響を与えている心の動きは見えません。それがあることも忘れている。私たちの外側の世界と内側の世界は、切り離されてしまっているのです。

しかし、人生を充実させ、「運命」に対処するためには、想い・考えのエネルギー、心と現実の法則、人間の内側と外側の関係を知ることが何よりも不可欠です。

私は、そのことを「内外エネルギー交流の法則」として示してきました。

それは、一言で言うなら、私たちの心（内）と現実（外）が、コインの表裏のように分かちがたく結びつき、絶えず相互にエネルギーが行き交って、私たちの内にあるものは必ず外に現れ、外にあるものは内に浸透してゆくという法則です。

心と現実は、多くの人が想像する以上に、密接に厳然と結びついています。

あなたが反発の想いや重い心を抱えていれば、あなたの周囲には、あつれきや重苦しい現実が生まれ、ゆるんだ気持ちでいれば、緊張感のない現実が現れる。

あなたが大切な願いや目的を忘れず、前向きに関われば、そこには秩序が生まれ、活性した状態が生まれます。

重要なことは、この法則を本当に知ると、世界に対する姿勢がまったく変わってしまうということです。

「周囲に生じている問題は自分とは無関係」と受けとめることはできなくなりま

す。理屈で「そう思う」ということではありません。現実として、事態がそうは見えなくなります。そんなことは、はなから考えなくなるのです。

それは、いったいどれほどの変化でしょうか。

まさに、世界が一新してしまうほどの不連続な変化です。

私たちは、見えざる心と目の前の現実の関係を透視できるようになり、その変化を手に取るようにつかむことになるのです。

多くの方々が口々に「これほど明瞭で重要な法則なのに、今までどうして気づかなかったのか」と語った言葉を、私は忘れることができません。

「魂の学」の世界観が必要

本書は、私が提唱する「魂の学」の世界観をもって、私たち人間を翻弄する「運命」の問題に取り組んでゆきます。

「魂の学」とは、目に見える次元を扱う、科学を代表とする「現象の学」に対し

て、見える次元（現象）と見えない次元（心・魂）を合わせた領域を対象とした、理論と実践の体系です。それは、唯物的な生き方でもなく、精神論でもない。一貫して、目に見える現象と見えない精神の融合をめざす実践哲学です。

図1をご覧ください。

私たち人間は、何気ない日常を送っていても、いつも同時に、3つの次元を重層的に生きています。「現実」の次元とは、私たちが目で見て確かめている形のある次元、様々な出来事や事象が起こる次元です。「心」の次元とは、私たちの想い・考えのエネルギーが渦巻く次元。そして、その「心」の奥底にある、私たちのエネルギーの源、応えるべき絆、生きるべき必然、人生の意味、目的と使命をもたらす次元が「魂」の次元です。

3つの次元は、いつも相互に影響を与え合い、結びついて、私たちの人生を生み出しています。

「魂の学」では、目の前の「現実」は、偶然にどこかからやってきたものではありません。それは、自分の「心」の現れであり、「魂」の問題をも呼びかけている。つまり、私たちが出会うどんな「現実」も、「心」「魂」とつながり、人生のテーマと結

人は同時に３つの次元を生きている

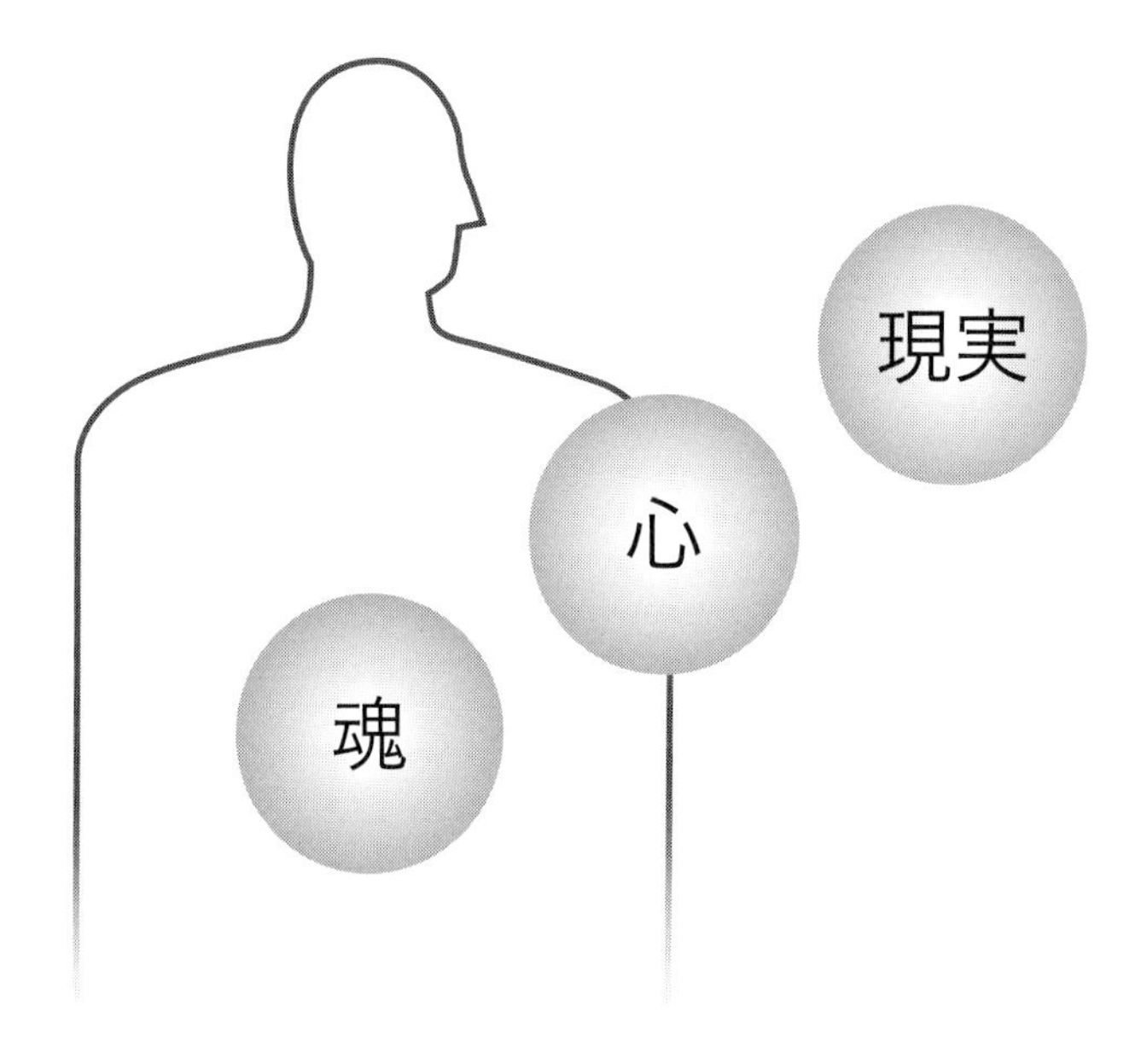

図１

びついている――。そう受けとめるのです。
今日、多くの人々が、意識することもなく、自然科学は万能であると感じているでしょう。しかし、全体を部分によって説明しようとする還元主義的な自然科学の方法は決して万能ではありません。

そもそも、「現象の学」は、「心」「魂」の次元を扱うことができません。
科学は、事象が生じるしくみは説明できても、その事象がなぜ生じたのか、流れる涙のメカニズムや成分を明らかにできても、その涙がなぜ流れたのかを解明することはできないのです。

つまり「何のために生まれてきたのか」「人間はどう生きるべきか」という問いに答えをもたらすことはできない――。それでは、「運命」に対処することは困難です。

「魂」「心」「現実」の3つの次元を包含する「魂の学」は、まさに人生根本の問いを探究するためのものです。

「私は何者か」――人間は、永遠の生命を抱く魂の存在である。

「何のために生まれてきたのか」――人は誰も、その魂に、人生で果たすべき使命を抱いている。

「人生をどう生きればよいのか」――人生の法則を学び、自らの心を知り、変革と実践を重ねることによって、生まれながらに縛られてきた幾多の鎖を打破し、魂の力、本当の人間力を解放する。

まさにそこに、「思うにままならない人生と世界」を生きる手立てがあるということです。

世界にある叡智とつながりの次元

なぜ私が、「魂の学」の世界観を皆さんにお伝えしようとするのか――。

そこには、私にとって特別な人生の体験があります。

幼い頃から私は、一般に神秘体験と呼ばれる霊的な体験を幾度もしてきました。自分の意識が身体をはみ出して広がり、辺りと一体になったり、大きな光に遭遇して、意識の覚醒が起こったりする体験です。

最初の体験は5歳の頃、急に具合が悪くなって倒れ、何時間も意識を失っていたときのこと。家族や医師からは意識がないように見えても、私の意識は覚醒していて、身体を脱(ぬ)け出し、自由に空間を動けました。そして、不思議な銀白(ぎんぱく)の光に包まれたドームのような、上も下も、左も右もない、何もかもが光と音の波動(はどう)になって感じられる場所で、「すべてはここにある」と感じたのです。

「そう、そう、そう！　そうなんだ！」。それは、限りない深さと広がりの中でもたらされた、言葉にならない宇宙との一体感でした。

　実は、この体験の最中に、治療(ちりょう)を受けていた医院の一室で、私は天井(てんじょう)近くから、高さ2メートル近くの薬棚(くすりだな)の上で横倒しになって埃(ほこり)をかぶっていた賞状の額(がく)と、棚の上部に貼(は)られたシールを垣間(かいま)見ました。目覚めた後でそのことを話したとき、院長は信じられない様子でしたが、父と代(か)わる代(が)わる脚立(きゃたつ)に上って確かめると、何と現実にそこにあったのです。院長は驚き、「本当にこういうことがあるのか」と感慨(かんがい)深そうに語っていたことを覚えています。

　こうした体験について、意識がどうなっていたか、何を見ていたのかを語ることはできても、その核心(かくしん)はいわく言いがたいものです。鮮烈(せんれつ)な印象を残しているのに、目覚めた後では、どんどん言葉にすることができなくなってしまうのです。

あえて言葉にするなら、こう表現することができるかもしれません。

――世界には、これまで人々が神、大いなる存在と呼んできた、一切を知り、一切を記憶する源なる叡智の次元がある。それは、あらゆる叡智と絆、神理と存在、そして私たちの魂と心と人生が結びつく次元。その見えないつながりが張り巡らされた次元では、世界の法則も、魂に刻まれた願いと後悔も、心に生じる想いや考えも、日々偶然のように起こる出来事の記憶も、人々が歴史に残してきた理想と現実の歩みも、生命の本能と進化の秘密も、光と闇も、プラスとマイナスも、成功と失敗も、あらゆるものが1つになっている。

私たちが何者で、何のために生きているのか、人生をどう生きるべきなのか。その解答も、未来の青写真もそこにある。

その叡智の次元に触れるとき、私たちは、人生と世界の新たなリアリティに触れ、新たな感覚に目覚めるチャンスを与えられる――。

そんな叡智の次元との接触を、私は「ユニバース体験」（拙著『魂の冒険』参照）と呼んでいます。

このような宇宙の源の次元の体験は、もちろん、私だけのものではありません。

米国の脳神経外科医で、ハーバード・メディカル・スクールの准教授も務めたエベン・アレグザンダー氏は、２００８年、細菌性髄膜炎を患い、７日間の昏睡状態の中で不思議な体験をしました。彼は、医学的観点による分析と脳科学の最新の研究に関わる知識を前提とした上で、自身が「コア」（中心）と呼ぶ世界に触れたことをリアルに語っています。

その場所は、果てしない広がりが続く漆黒の闇であると同時に光があふれていて、「限りない安らぎ」と「無私の愛」に満ち、「神」の存在がきわめて身近に感じられ、自分との間にまったく距離がないように思えた、と言うのです。

また、同国の整形外科医メアリー・ニール氏は、１９９９年、乗っていたカヤックが転覆し、仮死状態に陥ったとき、意識が体外離脱し、見たこともないドームや光の存在と出会った体験を語っています。私が注目したのは、彼女が「そこから戻りたくなかった」と言い、その理由を問われると、「わが家（故郷）にいると感じたから」と答えていることです。

世界的に活躍する指揮者、佐渡裕氏が体験したのは、日常では感じられないつながりの世界です。佐渡氏は、あるコンサートで指揮をしているとき、自分が完全に幽体離脱して舞台の真上から見ていたと言います。自分やオーケストラ、観客が「いる」という感じすらなくなり、「何もかも抱き込んで、お客さんを含めて自分の存在がすごくゼロに近くなって、会場の上から眺めている」一体感を初めて体験したのです。

特別な体験ではあっても、多くの人が共通して、聖なる場所、普段感じたことのないつながり、世界との一体感を感じているのです。

重要なことは、こうした体験がもたらすのは、最終的な結論でも解答でもないということです。それは、始まりであり、呼びかけ——。私たちは、その体験をいかなるものに結晶化してゆくのかを問われているのです。

私自身、その叡智の次元の体験を起点として、魂と人生の探求を続けてきた1人です。

「魂の力」（人間力）が「運命の逆転」を起こす

その歩みの中で確かめてきたことは、そのような次元に触れて開かれたリアリテイ、世界の感覚は、一部の人たちだけのものではなく、誰にも開かれているものだということです。そして、いわゆる神秘体験だけではなく、1人ひとりの人生の歩み、心・意識の変容によって、様々な形でもたらされるものです。

叡智の次元は、誰の許にも存在し、何かのきっかけでそのチャンネルが開かれると、人生はまったく新たな次元にジャンプする――。

もともと抱いていた「魂の力」――本当の「人間力」が現れて、人生を大きく変貌させます。それぞれの人生の限界を突破させます。あることすら信じられなかった人生の目的と使命を鮮やかに蘇らせます。

そして、どうにもならない「運命」を逆転させることもできるのです。

その「運命の逆転」とは、具体的にどういうことなのか。ここで、その特徴のいくつかを挙げておきましょう。

- **絶体絶命のピンチを起死回生のチャンスにする**
- **試練の中からまったく新しい次元の現実を生み出す**
- **モノクロだった日常が鮮やかにカラーに変貌する**
- **人や世界を信じられなかった人が信頼（絆）を取り戻す**

・過去からの延長線上にはない未来を切り開く
・限界をつくっていた心を転換し別人に生まれ変わる
・どうすることもできなかった束縛や人生の重力から自由になる
・受け入れがたかった過去が輝き出す
・暗転していた人生に応えるべき「使命」を見出す

いかがでしょうか。あなたにも、ぜひご自身の内から「魂の力」を引き出し、運命の逆転を起こしていただきたい――。そのためにこそ、「魂の学」はあるのです。

運命の常識を覆せ！――運命＝外からやってくる力＋内から迎え撃つ力

人生を翻弄する巨大な力。人間には抗しがたい定め――。

人生を生きれば生きるほど、思うにままならない現実が積み重なり、その重さが増してゆきます。人生を半ば以上生きてきた人なら、「世の中には、自分ではどうすることもできない現実の方が多い」という実感があるのではないでしょうか。

そして、やがて「運命はどうにもならないもの」と考えてしまう。つまり、一方的に人生を左右し、支配する圧倒的な力であり、

「運命＝外からやってくる力」

多くの人は、運命をそのように受けとめてきたのです。

しかし、その「運命の常識」は、覆さなければなりません。

私たちには、いかなる運命にも対処し、人生を翻弄する運命を逆転する力があるからです。つまり、運命とは、ただ「外からやってくる力」ではない。

そこには、人間の側、私たちの側からはたらきかける強い力がある。

私たちは、今、新たな運命観――

「運命＝外からやってくる力＋内から迎え撃つ力」

を打ち立てるべきなのです。

内から迎え撃つ力が運命を逆転する――。この運命観は、単なる観念ではありません。それを現実の人生によって証してきた多くの人たちがいるのです。

運命の打撃を受けた人々

2011年3月の東日本大震災で命を奪われた方々、そのご家族が直面した運命は、まさに外から降りかかってくる圧倒的な力以外の何ものでもなかったでしょう。東北地方沿岸部を襲った大地震と津波は、前例のない被害をもたらし、多くの人々の命を奪いました。

陸前高田市の佐々木一義さんの奥様も、その1人でした。

佐々木一義さんは、震災当時、市内のホテルに勤務。4人の子どもを育てあげ、子どもたちが巣立ってからは、夫婦2人の仲睦まじい生活を静かに送っていました。

しかし、あの日、すべては変わってしまったのです。

津波によって、一瞬にして多くの命が奪われ、無数の家々が流されました。建物のほとんどが打ち砕かれて瓦礫と化し、街の光景は一変。多くの人々と同様に、佐々木さんの日常の現実も、またたく間に奪い去られてしまいました。

黒々とした濁流が狂ったように町を覆い尽くし、そこに息づいていたものを根こそぎ巻き込んでゆきました。人がつくったものも、生きている人たちも、何もかも容赦なく暴力的に絡め取って虚無の彼方に押しやってしまいました。
佐々木さんはその無残な光景を目の当たりにしていました。

地震発生時、ホテルにいた佐々木さんは、宿泊客が到着前だったため、従業員の方々とバスで高台に避難しました。見ると、高田松原の松が津波で一瞬にして消え、車が必死で走り、人が泣きながら逃げてきました。佐々木さんは、すぐに自宅のある山際に走って向かいました。

奥様も市内のアルバイト先から一旦避難しますが、実母の様子を確かめようと市内に戻り、消息を絶ってしまったのです。

「あの人たちの魂が、星になったんだ……」

津波は、自宅のある高台まで押し寄せ、1階は大きな被害を受けました。

佐々木さんが自宅に戻ったのは、「もし妻が無事でいれば、夜には自宅に戻ってくるだろう」――そう思っていたからです。

しかし、祈るように待てども、奥様は姿を見せませんでした。

「やっぱり、だめなのか……」

不安を募らせながら、佐々木さんはふと夜空を見上げました。すると、そこには今まで見たこともない、宝石箱からこぼれたような星々が輝いていたのです。

どうして、こんなに星々が美しく輝いているのか。

そのとき、ふと、こういう想いが心の奥からあふれてきました。

「ああ、あの人たちの魂が、星になったんだ。……そうでなければやりきれない」

まるで亡き魂の行方を知らせるかのように、燃えるように明るく輝く星々――。

何の咎もない人々が、突然、命を奪われ、人生の舞台から連れ去られてしまう。

そんなことがあってよいのか。彼らの人生は何のためにあったのか。

彼らを知る私たちは、それをどう受けとめればいいのか。

その答えは必ずある。なければおかしい――。

人は死んでも、すべてが無に帰すわけではありません。

人間の魂は永遠で、誰にも帰ってゆく場所、源なる場所があるのです。

あのとき、佐々木さんからあふれた想いは、感傷でも慰めでもない。

荒野と化した地上で、夜空の向こうに広がる宇宙を1人見つめていた佐々木さんの魂に訪れた直観だったと私は思っています。

それは、あの日、痛みと悲しみを抱えたすべての人が感じていた「真実」にほかならなかったのです。

新たな道に踏み出す

奥様の安否がわかったのは1カ月後――。

それまで毎日のように、佐々木さんは家族で遺体安置所を1つ1つ訪ねました。痛々しい骸をどれほど確かめたことでしょう。棺が足りず、毛布やブルーシートに包まれたいくつもの傷ついた遺体。数え切れないほどの亡骸と出会う中で、佐々木さんの世界は色を失い、灰色に塗り尽くされ、もう心は押しつぶされそうでした。

そして、子どもたちに「今日が最後」と話した朝、一番に訪れた安置所で奥様と再会したのです。せめてもの救いは、遺体に傷みがなく、普段のまま、まるで、こたつでうとうとしている寝顔のようだったこと――。

「なんだ、ここにいたのか……」

泣きながら「お帰り」と語りかけました。

最愛の人を亡くしてしまった佐々木さん――。

しかし、運命の打撃のさなか、打ちひしがれた心が「何か」に触れました。

大きな災害等に直面したとき、普段の自分を覆っていた殻が砕かれ、見えないつながり、叡智の次元に直結することがあるのです。

それからというもの、佐々木さんは、居ても立ってもいられず、近くの交差点が渋滞しているのを見て、そこで交通整理を始めました。

そんな日々を重ねるうちに、心の中に、「陸前高田の人たちのためにはたらきたい」という気持ちが日増しに募ってゆきました。

その想いがきわまったのは、東北のことを伝えるイベントのために東京に出張したときのこと。佐々木さんは、急に体調が悪くなり、入院してしまったのです。

「この命だっていつどうなるかわからない。ならば、残された人生の時間を、傷ついた地元のために、地域の人々のために使いたい――」

そう思った佐々木さんは、陸前高田市の市議会選挙の公示日わずか数日前に出馬を決意。友人たちにそれを伝えると、こぞって応援に駆けつけてくれたのです。

息子さんからも、自ら購入した新車を選挙に使ってほしいと心強い支援を受けました。懸命に選挙を戦った結果は、トップ当選。それから4年後の選挙でも、再び市民からの多くの支持を得て再選されました。

思い出した「張り巡らされたつながり」の次元

私が佐々木さんと初めてお会いしたのは、2013年12月。

同じように大切な家族を津波で亡くした中学時代の同級生の紹介で、私の講演会に参加した佐々木さんは、心惹かれるものを感じて、次の場に再び参加しました。

その終了後、会場で参加者の皆さんに直接お会いする機会があり、その中に佐々木さんがいらっしゃったのです。

佐々木さんの姿を前にしたとき、これまで歩んでこられた道のりの断片が、いくつかのヴィジョンとなって私の目の前に映し出されました。

奥様との二人三脚の人生。大切な子どもたちを苦労しながら育てた日々。

かつて父親から継いだ会社を盛り立てようとして失敗、倒産して多くの従業員や取り引き先、お客様に迷惑をかけたこと。しかし、迷惑をかけた人たちが、再起を期してホテルに勤め始めた佐々木さんを励ましてくれたこと。津波によって、その恩人たちも亡くなってしまったこと……。佐々木さんの人生には、応えるべき想いが詰まっていました。

そのとき、同時に、亡き奥様の魂が伝えてくる想いを感じた私は、それを佐々木さんにお話ししたのです。

２人が出会った、学生の頃の懐かしい日々。佐々木さんから３回プロポーズされた奥様は、最初の２回は断ってしまったこと。

そして、震災の夜、夜空を見て湧き上がってきた気持ち。星々の輝きに亡き魂たちの行方を感じたこと……。そのこともお伝えしました。

佐々木さんは驚き、涙を流しました。不思議な出会いに、私が語っていた「人間は永遠の魂である」ということが胸に蘇りました。

あの震災の夜空に自分が想ったことは、単なる慰めではなく、本当だった――。

佐々木さんは、このとき改めて、言葉にはならないところで、見えないつながりが張り巡らされた世界に触れ、そして、深く癒されていったのです。

もともと、人なつっこい佐々木さんは、以前にも増して、深い人情と人間味を湛えるようになりました。

そして、その源の次元から新たな力をくみ上げ、今、佐々木さんは、陸前高田市の未来のために東奔西走しています。

今年1月、私は、何度となく訪れてきた陸前高田を、震災5年目の直前に再び訪れました。奇跡の一本松の近くで慰霊の祈りを捧げ、何人かの知人と出会い、復興の途上にある人々と、これからの未来のために語らいのときを持たせていただきました。

その折、独り暮らしの佐々木さんに「手づくりのおせちの黒豆でも」と持参し、自宅にも立ち寄らせていただいたのです。

佐々木さんは、現在も地元の仮設住宅にお住まいです。小さなダイニングキッチン

佐々木一義さん（陸前高田市議会議員）の自宅跡地にて、震災当時の様子を共に振り返る著者（左）。佐々木さんは、津波によって最愛の妻を亡くし、多くの友人、知人を亡くした。震災の夜、自宅から、今まで見たこともない、宝石箱からこぼれたような星々を目にした佐々木さんは、こう思わずにはいられなかった。「ああ、あの人たちの魂が、星になったんだ……」。それは、感傷でも慰めでもなく、宇宙を見つめていた佐々木さんの魂に訪れた直観だった。

と6畳ほどの和室。仏壇には、奥様の写真と位牌が置かれていました。佐々木さんは、このつつましい家で奥様の魂を想いながら、地域の未来のために尽くしています。

震災という運命の打撃によって、愛する妻も家も仕事も、すべてを奪われた佐々木さん――。それは、心が折れて、世を恨み、人生に投げやりになってしまってもおかしくないほどの打撃でした。現に、震災の闇に心が浸食され、そうなってしまった人々も少なくありません。

しかし、魂の永遠を実感された佐々木さんは違いました。

深い傷を負ったからこそ、自分や家族を越えた、もっと大きな広がりの中で、見えない絆で結ばれた同じ痛みを抱えた人々のために、一途に智慧深く応えることを呼びかけられている。それはかつての自分では生きられなかった人生――。

少なくとも、それに勝る供養はなく、妻の魂もそう願っているに違いない。

その確信を胸に、佐々木さんは、新たな歩みへと踏み出しました。運命を受けとめ、その中から新たな生き方を紡ぎ出したのです。

それは、もう「運命の逆転」としか言いようのないものです。

「運命の逆転」を果たした人生は何を示しているか

「魂の学」を実践する人々の中には、その逆転を果たした多くの方たちがいます。私は、これまで数え切れないほどの、そうした方たちと共に歩ませていただいてきました。

法律家や外交官、医師や看護師、大学教授や研究者、政治家や役人、教育や福祉に従事する皆さん。職人や工場の技術者、農業や水産業を営む皆さん。芸術家やデザイナー、商店主や会社の社長さん、学生やサラリーマン、主婦の皆さん……。

様々な職種や立場、異なる年代の方々のそれぞれが、人生に投げかけられた「運命」の問題に直面しながら、「魂の学」が示す人生の法則によって、そこにはたらいていた負の力を逆転してこられました。

万にも上るそうした方々の歩みが共通して訴えているのは、**「運命の逆転」は、外**

からもたらされるのではなく、それぞれの内なる力によって生み出されたということです。

1人ひとりが、人生を捨てることなく、事態をあきらめることなく、自ら立ち上がって、それまでとはまったく異なる道を開いていった――。つまり、「内から迎え撃つ力」は、本当に運命を逆転するほど強く大きなものなのです。

苦しみ、傷ついたからこそ、歩むべき人生がある

「運命の逆転」を果たした方々を目の当たりにするたびに、私は、いつも心から感動します。何より「1人の人間に、何と大きな可能性が秘められているのか」と、毎回、驚きを禁じ得ません。今、私は確信しています。

人生に重荷を背負い、苦しみ傷ついた人たちこそ、魂の大きな器を獲得し、より充実した人生を歩んでゆくことができる。人生をそう導く一すじの道が必ずある――。

「魂の学」は、その道行きをお伝えすることができるものです。

「運命の逆転」を果たした人たちの足跡は、そのまま人生を生きる智慧となります。

こんな運命を背負った人が、こう生きることによって運命を逆転した！

1人ひとりの実践が、「運命の逆転」の手がかりを与え、道を教えるのです。

その実践が1人、また1人とつながって、すべての人が、自らの運命に翻弄されることなく、それを引き受け、その中にあるその人だけの「使命」に応えて生きることができたら、どんなに素晴らしいでしょう！


私が人生の時間を使って挑戦していることは、すべてそのためです。

講演会や集い、様々なセミナーで「魂の学」の講義を重ねるのも、その終了後に多くの方々とお会いして新たな道を尋ねるのも、人生の岐路に立つ方々の魂の声を受けとめ、今、その人に必要なことを伝えようとするのも、そのための一助にほかなりません。


本書を手にしてくださった読者のお1人お1人が、自らの中に息づいている「内から迎え撃つ力」によって、新たな人生を切り開かれることを切に願います。

本書は、まさに「運命の逆転」を果たす力を、あなた自身の中に発見するためのものの――。この本がそうはたらくことができたなら、それ以上の歓びはありません。

❶章

3つの「ち」の法則

――運命の重力圏を脱出する

人生の重力圏

人生は、思い通りにはいかない。

その言葉にうなずき、その通りと実感する人は圧倒的に多いでしょう。

私たちの人生は、なぜ困難を抱えてしまうのでしょうか。

その原因を、人間がこの世界に生まれる「誕生」そのものに求める人たちがいます。たとえば、ルーマニアの思想家、エミール・シオランは、『生誕の災厄』という本の中でこう言っています。

「生まれないこと、それを考えただけで、なんという幸福、なんという自由……」

この言葉には同意できなくても、「誕生」が決定的なものであることは、誰もが認めるのではないでしょうか。実際、「誕生」ほど、人間に多くのものをもたらす瞬間はありません。すべての希望、あらゆる失望と落胆を予め与えてしまうからです。

気がついたとき、人生はもう始まっています。

たとえどのような人生を歩んでいようと、時代、地域、環境、家、両親、兄弟……いずれも、自分で決めたとは思えないものです。自分以外の誰か、自分以外の何かによって、決められてしまったのが私たちの人生――。

それればかりでなく、才能や容姿、それを決める遺伝子も選ぶことはできません。物心がついた頃には、人生の初期環境は設定され、人としての基本的な生き方まで、自分が与り知らないところで決まってしまっている。

そして、そのことに対して、誰も「異議申し立て」すらできないのです。

自分が自分であることを意識するとき、すでに山ほどの重荷を背負わされ、限界を抱え込んでいる。それは、無重力を体験して帰還した宇宙飛行士が、改めて感じる重力の重さのようなもの。無自覚で不自由な「人生の重力圏」で生きざるを得ないのが、私たち人間なのではないでしょうか。

3つの「ち」の法則――心の遺伝子を知る

では、いったい何が、私たちの人生の重力圏をつくるのでしょうか。

あなたが生まれたときのことを想像してみてください。

そもそも、私たちは、両親があってはじめて存在することができます。

容姿、体格、運動能力など、身体的な条件の多くを決めるのは両親からの遺伝子です。その影響力ははかりしれません。

しかし、その肉体の遺伝子に優るとも劣らず大きな影響を与え、人生の重力圏をつくるものがあります。「心の遺伝子」です。

心の遺伝子とは、「心」のはたらきを決める因子、種子。私たちの「心」を形成するものごとの感じ方・受けとめ方、考え方・判断・行動の仕方、言葉、常識、習慣、価値観……。

それらを私たちは自分で生み出してきたのでしょうか？

それとも、誰かから、どこかから、もらったのでしょうか？

もちろん、自分で最初から生み出したわけではありません。

人間の誕生は、生理的早産と言われるほど、危ういものです。生まれたばかりの赤子は、話すことも立つことも歩くこともできません。

そんな赤子にとって、両親は絶対的な存在。と言うより、赤子は、最初は両親を自分と一体のものとして感じています。それから、全幅の信頼で両親をまねて学ぶ。それが生き方の基本になります。

その後は、両親から周囲に広がり、家族、友人たち、そして生きている生活の場や社会から、多くの人たちの考えや生き方が、無数の断片となって入り込んできます。

人から言われて納得したり、人々の話を何気なく耳にして共感したり、テレビや雑誌、本などで「なるほどそうか」と思ったりすれば、たちまち心に吸収されます。おびただしい数の心の遺伝子が、私たちの「心」をつくっていて、そこには恐ろしいほどの他人の影響が堆積しているということです。

心の遺伝子の中心には、両親から流れ込んでくる様々な価値観や生き方（血）のほかに、地域・業界から染み込んでくる前提や慣習（地）、時代から浸透してくる常識や価値観（知）があります。この「血」「地」「知」を、私は、３つの「ち」という言葉で総称しています（図２）。

すべての言動の基となる心の遺伝子＝3つの「ち」によって、日々の現実はつくられ、人生は方向を持ち、間違いなく、私たちの未来は決定されてしまいます。

あなたの「心」には、どんな3つの「ち」が流れ込んでいるでしょうか。

それが、あなたの人生を支配し、限界を生み出してしまうのです。

3つの「ち」

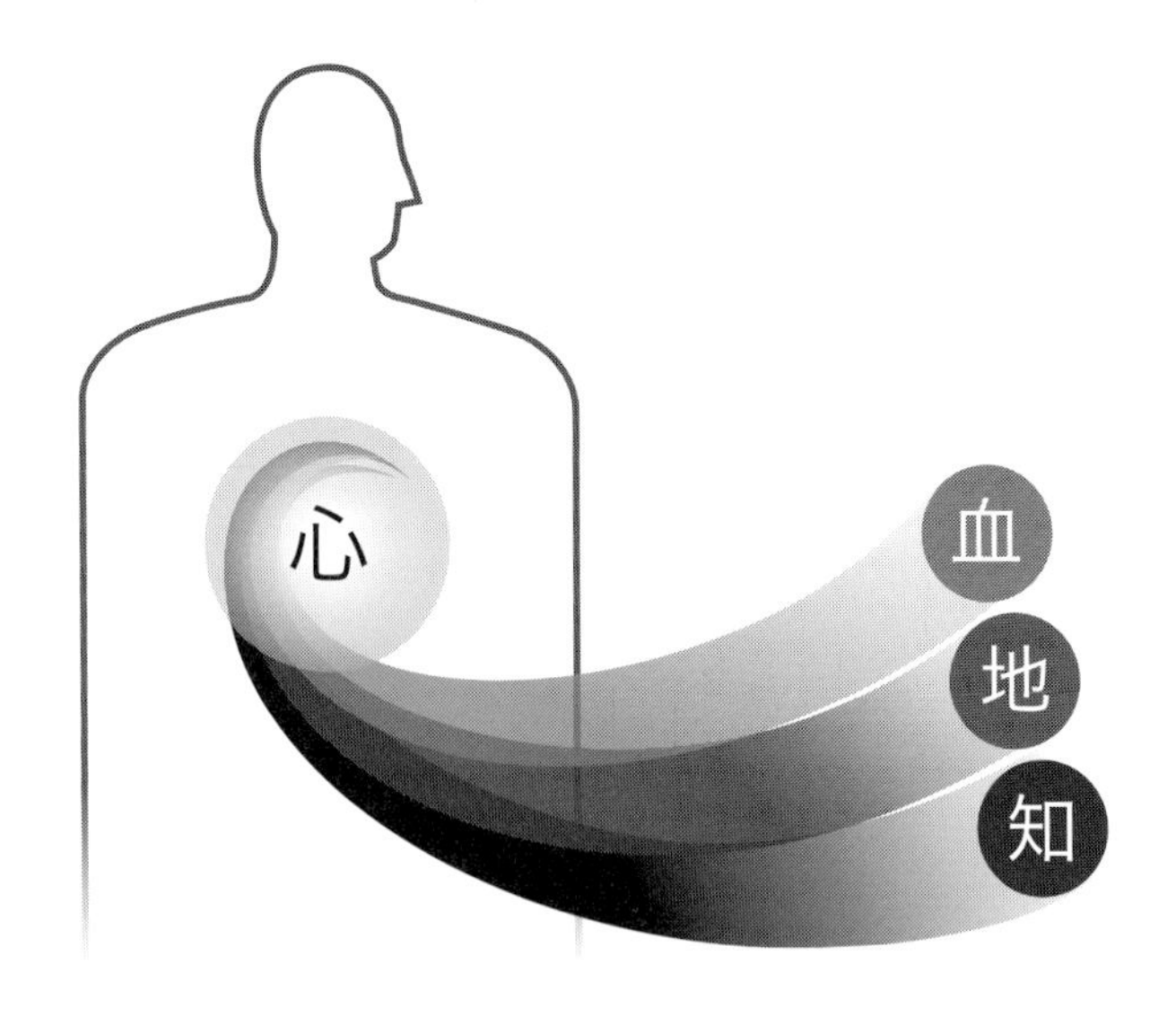

血：両親から流れ込む価値観や生き方

地：地域・業界から流れ込む前提や慣習

知：時代から流れ込む常識や価値観

図2

「血」＝両親から流れ込む価値観や生き方

では、誰もが背負う3つの「ち」とは、どんなものでしょうか。

最初の「血」から見てゆくことにしましょう。

赤子にとって、生き方のモデルは、まず両親です。その言葉、考え、身振り・仕草、生き方を吸収してゆきます。

中でも、両親の口ぐせ・つぶやきには、大きな力があります。親が毎日、想いを込めて繰り返してつぶやく言葉は、子どもの心に深く刻まれます。

「金があれば、人は頭を下げてくる」「大学さえ出ていれば、こんな目には……」「○○家の人間であることを忘れるな」「あの叔父はずる賢いから用心しろ」「人と同じじゃ駄目だ。人と違うことをやれ」「世間を信じるとひどい目に遭うぞ」……

いつの間にかそれを引き継ぎ、大人になった今でも、心の中で繰り返している人もいます。それは、まるで催眠術のように、あなたを確信的に動かしていると言えるものです。

わが国には、「言魂」（言霊）という言葉があります。言葉には、生きもののようにいのちがあり、特別な力があって、現実を左右すると考えられてきたのです。

実際、投げやりなつぶやきを繰り返していれば、本当に人生を投げてしまうことになります。逆に、前向きで未来を信じるつぶやきを心に刻印（こくいん）すれば、そのような現実を生み出すこともできるのです。

流れ込む「血」はそれだけではありません。たとえば、子どもは子どもなりに、親戚（しんせき）や近所の人たちの印象を持っているものです。世の中の出来事に対する意見や考えもそうでしょう。

あの人はこうだ、これはこうだと、親から聞かされたり、親の態度を見たりするうちに、自分で直接確かめたわけでもないのに、いつの間にか、１つの印象や見方を持ってしまう。それを自分の感覚だと思い込んでしまうのです。

思い出してください。応援するプロ野球チームや相撲（すもう）の力士（りきし）、信頼（しんらい）する新聞社、支持する政治家、政党、好きな芸能人……。どれも、両親や家族の話に影響を受けてはいないでしょうか。

同様に、他の心の遺伝子も、心に染（し）みこんでくるのです。大切なものは何か。どんな行動がよくてどれがだめなのか。問題が起こったらどうするのか。世間や社会にどう接するのか。それらを吸い込みながら、自分の生き方をつくってきたのです。

繰り返しますが、それらを吟味して吸収するのではありません。そこにあるからそのまま、無自覚に心の深いところに吸収してゆくのです。乾いた白布が一瞬で染料を吸い込み、その色に染まってゆくように――。

だからこそ、親の生き方や価値観が、しばしば気づかないまま、その人の人生を支配し、翻弄してしまうのです。

両親が抱えていた世間に対する不信感をそのまま受け継いで、長い間、被害者意識に束縛されてしまうこともあります。

経営者だった父親が人を見下したり、差別したりするのをことのほか嫌っていたのに、後年、自分の中に同じ心があるのを発見して愕然としたという人もいます。

そんな重大な束縛はないと思っている人でも、両親の価値観や生き方に、気づかぬうちに人生の舵を握られていた、ということも少なくありません。

「自分は違う。親に反発してきた」と言う人もいるでしょう。しかし、それも両親から流れ込んだものに大きく影響されていることには違いないのです。ひたすら親のようにならないように努める――。それもまた両親の影響です。

「地」＝地域・業界から流れ込む前提や慣習

次は「地」です。

あなたは、どのような土地で生まれ、育ちましたか。

その地域には、どんな特徴がありましたか。その地域で、大切にされ、求められていたことはどんなことだったでしょう。

生まれ育った土地には土地柄があり、共通の気風や人の見方、慣習や価値観があります。よそ者を警戒し、受け入れない地域もあれば、逆に開かれた地域もあります。暗黙の秩序に逆らえば、村八分になることもある。しがらみのために、言いたいことも率直には言えない地域もあるでしょう。

土地に根ざした様々な人間関係、そこで繰り返される出来事、会話。偏見やこだわり。「酒が飲めない奴はだめ」「つき合いの悪い人間は信じられない」。あるいは、根深い男尊女卑のまなざし……。自分ではそんな偏見に染まっていないと思っていても、気づかずに、そうした偏見を抱え込んでいることがあります。

地域だけではありません。社会に出て、それぞれが身を置く業界や分野にも、そこに浸透している特有の価値観、常識、前提、慣習があります。

何にもっとも価値を置くのか。是々非々の考え方よりも人の和が優先されたり、会社の格が暗黙のうちに決められていたり、いつできたかもわからない約束事に従うことが当然になっていたりします。

大切なことは、地域にせよ、業界や分野にせよ、そこに身を置いていると、当たり前になっている前提は意識できず、気づくこともできないということです。

「知」＝時代から流れ込む常識や価値観

最後は「知」です。「知」は、知識を表し、情報と言ってもよいものです。

私たちは、生まれてきた時代の中で膨大な情報を吸収し、その時代のまなざしに染まり、そこにある生き方に同化してしまうのです。

第2次世界大戦前のわが国では、人々は自分が軍部の喧伝やマスコミの煽動に動かされているとは意識することもなく、戦争へと駆り立てられました。

バブルの時代には、「土地が値下がりしたことはない」「借金してもすぐにそれ以上の儲けが出るから大丈夫」と誰もが財テクに走り、それが弾けて長いデフレの時代に突入すると、今度は多くの人々が「地価なんていつまた下がるかわからない」「うかうかと銀行の話なんかに乗ったら、あとでどうなることやら」と思うようになりました。

世界に目を向けても、人々は、常に時代に支配されています。

第1次世界大戦後のナチスの主張をそのまま受け入れたドイツ国民は、第2次世界大戦へと突き進み、ユダヤ人迫害という残虐きわまる行為を肯定してゆきました。

英米などの連合国はそれを強く批判したものの、それらの国々も海外に植民地を維持し、米国では第2次世界大戦が終わっても約20年、人種差別が合法的に行われ、南部の州では多くの人がそれを支持していたのです。

いつの時代にも、その時代が抱く気分があります。その時代の常識、流行した考え方、人々が暗黙のうちに認めていた価値の序列があります。

そこには、もちろん大きな誤謬や偏見も含まれていますが、それを1人ひとりが自覚し、自ら吟味して選択することは、至難のことです。

時代の常識、価値観から自由になることは、奇跡と言っても過言ではありません。

3つの「ち」という重力を超えるために

ここで、改めて、あなた自身が背負ってきた3つの「ち」を見つめていただきたいのです。何があなたの前提になり、常識になり、生き方になっているのか――。

人生の成り立ちは、人それぞれ違います。

しかし、知らない間に3つの「ち」を引き受け、それを背負って人生を生きるという事実――人生の構造は、すべての人に共通しています。

考えてみるならば、この3つの「ち」は、実は、人間が生きてゆく上に必要なものとして、私たちに与えられたものです。

3つの「ち」を身につけるからこそ、私たちは、社会の中で人間として生きてゆくことができる。それは間違いありません。

しかし、**現実には、3つの「ち」は、生きる力になる以上に、人生に不自由さを与**

えてしまうのです。

3つの「ち」がもたらす生き方を無自覚に吸収し、それを機械のように繰り返して、不自由な運命を生きてしまう――。刺激に対する反応のように、自分では気づかずに、苦悩に満ちた暗転の人生を歩んでしまう人の何と多いことでしょうか。

1つの家庭に生まれ、両親を持つということは、1つの運命を生きるということです。

同様に、1つの土地に生まれ、業界や分野に身を置くことも、1つの時代に生まれてその中で生きることも、運命を選んでいることになるのです。

つまり、**3つの「ち」を背負うことは、大変な重力がのしかかる運命を生きること。その束縛をほどいて自由になったとき、どんな生き方が生まれてくるのか。**

それは、新たな人生の創造にも等しい歩みです。

次にご紹介するのは、3つの「ち」の中で苦しんだ後、それを超えて、新たな生き方を自らの内から引き出した方です。「運命の逆転」を果たしたのです。

最初の出会い――人生の分岐点

「大丈夫――。どんな厳しい状況でも、必ず、最善の道があります。きっとその道を開くことができます。それを信じて、これから、人生を歩み直してゆきましょう」

緊張した面持ちのその方の顔を見つめ、私は大きくうなずいて話しかけました。

その方とは、歌手の園まりさん。

私が園さんと最初に出会ったのは、1982年の箱根のセミナー。新しい生命が萌え出す頃、みずみずしい緑に覆われた山の中のことです。

お会いしてすぐ、私は、園さんの心の重さを感じました。

何重もの鎖でがんじがらめになって、自分で自分をどうすることもできなくなっていることがわかりました。その重さたるや、鉛の錨のようで、人生が深い闇に引きずり込まれ、沈められてしまうようなものでした。

そのとき、園さんの心の声が聞こえてきました。

(私には何もできない。どうしたらいいんだろう)

そして、切迫した気持ちの反面、自分の人生に心が入り切れていない、魂が入魂されていない空虚さが伝わってきたのです。

自分の人生なのに、どこか他人の人生を生きているような感覚――。

（自分で望んでこうなったわけじゃない……）

そんな声も聞こえてきました。

ここで最初に感じたことが、園さんの人生と運命を紐解く鍵となりました。

園さんは、当時、難しい転機に身を置いていました。

アイドルとして活躍した時代は終わり、歌手生活に大きな変化が訪れていたのです。

仕事への不満と不安、戸惑いの中で、自信を失い、他人の目を過敏に気にしたり、少しの失敗で動揺し、大騒ぎになったりすることもありました。自分でその状態を立て直すことができず、どうすることもできなくなっていました。

仕事に不満があったと言っても、園さんが歌いたくて仕方がなかったのかと言えば、それも違ったのです。

私は、園さんと歌との間に隙間を感じました。

歌にまっすぐになれず、歌が遠かった。それどころか、歌手でありながら歌を愛せない。未来の見通しも立たず、ご本人いわく、どん底の状態でした。
まさに、当時の園さんは、身動きが取れない暗転の運命に巻き込まれていたのです。

「まりさん。人は、どうしても自分が経験したことを絶対視してしまう。今の状況を自分でどうすることもできないと思えば、それを信じて疑わない。その結果、本当にどうすることもできなくなってしまう。でも、絶対的なことなんて、滅多にないんです」

「まりさんが、これまで経験してきたたくさんのこと。それは、何よりも確かに思えるでしょう。誰だってそう思ってしまうもの。でも、その経験は、過去のまりさんだと思ってほしい。そして、過去のまりさんは、本当のまりさんとは違う。私たちは、これから本当のまりさんを探しにゆく。そのことを、忘れないでほしいの」

「まりさんは、これまで、自分の人生なのに、どこか他の人の人生のような感覚を抱いてきた――。自分の人生なら、どんなことがあっても、それを正面から引き受けようとする。でも、もし自分の人生ではないとしたら、どうでしょう。それは引き受けきれない。だから、ますます人生が遠く離れていってしまう。

でもね、まりさん。人間は皆、素晴らしい力を抱いた魂の存在なんです。人生に起こることはすべて受けとめられる。それに応(こた)えることもできる。だから、まりさんも、自分を信じてほしい。まりさんは、まりさんなの。他の人と比較しないでくださいね」

園さんは、後年、この最後の一言で、「どれだけ心が軽くなったことか」と言われました。

園さんにとって、この私との最初の出会いは、人生の大きな分岐点となりました。

私は、このとき以来、園さんの歩みを見守らせていただくようになり、園さんの人生の節目(ふしめ)に出会いのときを持って、歩みを確かめるようにしたのです。その中で、園さんの魂がなぜこんな苦しみを背負うことになったのか――人生の道すじをはっきり捉(とら)えることができました。

では、まず、その出会いに至(いた)るまでの、私の目に映った園まりさんの人生をお話ししましょう。そこには、2つの運命が隠れていたのです。

天賦の才——輝かしいスポットライトの陰で

世の中には、ごく一握りのケースではあっても、幼い頃から特別の輝きを放つ人生があります。園まりさんの人生は、まさにそのような始まりでした。

物心がついた頃から、歌を歌う能力には飛び抜けたものがあり、よく両親から歌うように言われたものです。小学校の頃には、すでに童謡のシングルレコードを出すほどで、学校内では有名人でした。

オーディションに出れば、次々と優勝。当然のなりゆきのように芸能界から誘いを受け、デビューすることになりました。

やがて、中尾ミエさん、伊東ゆかりさんと共に三人娘を結成。園さんが出したシングルは連続して大ヒット。１９６６年、67年には、浅草のマルベル堂でプロマイド売り上げ第1位となりました。いくつものレギュラー番組を持ち、紅白歌合戦にも連続して出場、国民的アイドルにまで上り詰めることになったのです。

ここまでの人生なら、どうでしょう、誰もがこう思うのではないでしょうか。

天賦の才に恵まれ、輝かしい活躍の舞台を勝ち取ってスポットライトを浴びる園まりさんは、何と恵まれた人生であることか。まさにこれこそ、願っても得られない思い通りの人生ではないか。

しかし——。園さんの前半生は、決して願い通りのものではなかったのです。羨望(せんぼう)のまなざしで自分を見つめる人たちがいても、園さんにとって、人生は苦しく、暗く重い運命の支配を受けたものでした。自分の人生でありながら、自分ではどうすることもできない。そんな不自由さを嫌(いや)というほど抱(かか)えていたのです。

誰(だれ)かに舵(かじ)を握(にぎ)られた人生——第1の運命

それはなぜなのでしょう。何が、輝(かがや)きに満ちていたはずの園さんの人生に暗い影を落としたのでしょうか。

その理由の1つは、園さんが歌の道を進む、そもそものきっかけをつくった父親との関わりでした。3つの「ち」の「血」に、1つ目の運命が隠れていたのです。

大正生まれの父親は、ハンサムで、オペラ歌手になることを夢見たモダンボーイ。

新しいもの好きで、いつも華やかで楽しいことを求めていました。
オペラ歌手をめざしていただけあって、幼い娘の中にあった音楽の才能を見抜きました。本人の気持ちを確かめる前に、オーディション番組に勝手に応募し、園さんは後から知らされるということもめずらしくはありませんでした。かつて自分が果たせなかった夢を娘に託して、熱心に音楽の道へと手を引いていったのです。

しかし、その一方で父親は、人間的な弱さを抱えた人でした。園さんが幼い頃、父親が自殺未遂をして大騒ぎになったことがあります。また、金銭にルーズなところがあり、気前よく振る舞うのが好きで、散財は日常茶飯事。人に簡単に騙されて大きな借金を抱え、家中に赤紙が貼られたこともありました。それどころか、仲間の甘言に乗せられて詐欺まがいの片棒を担がされ、警察沙汰にもなったのです。

一家にとって父親は、いつも厄介な問題を持ち込んでくる困った存在でした。そして、その火の粉が、園さんにも降りかかってきました。

やがて園さんが歌手として認められ、アイドルとして人気を博すようになると、父親は娘を頼りに、プロダクションからお金を借りるようになります。

園さんが所属していた大手プロダクションは給料制でした。あるとき、給料日前に事務所から呼び出され、父親が多額のお金を借りていることを告げられた園さんは、あまりの恥ずかしさで、立っているのがやっとでした。

そんなことが繰り返されるたびに、園さんは思ったのです。

「自分は、父親の人生を背負うために歌手になったわけではない――」

いつも面倒を持ち込んでくる父親。縁を切りたくてもできない。そんな父親と自分の歌は最初から結びついている。父親がいなければ、歌手の自分もいなかった――。

いつしか園さんは、歌うことに対して素直になれなくなっていました。

その気持ちを一言で言えば、

「なぜ、自分が歌手になったのかわからない」

「なぜ、歌っているのかわからない」


それは、園さん自身が、自分にとって歌とはどういうものなのか、どんな願いを抱いて歌手として歩むのか、その動機と目標を自分の中で十分に確かめ、育てる前に、売れっ子になってしまったことが一因かもしれません。

自分の人生なのに、自分以外の何かが勝手に自分をどこかに運んでいってしまう。

当時の園さんは、周りが熱くなればなるほど、自分の内側に空洞が広がってゆくような空虚(くうきょ)感を覚えていたのです。

一方で、スケジュールはまたたく間に埋(う)まってゆきました。

立ち止まることは許されず、新しい曲が次から次に与えられ、それを自分のものにして歌わなければなりませんでした。

歌に必然を感じられないだけではありません。やがて人気に陰(かげ)りが見え始めると、園さんは、歌うことが恐くなってゆきます。自信が持てなくなり、お客様の視線が気になってしまい、失敗するのではないかという不安に襲(おそ)われる。本番前に逃げ出したくなることもありました。

歌手なのに、歌を愛せなくなっていた園さん。それどころか、自分をそんな状況に追い込んでいった歌を嫌(きら)うようにさえなっていたのです。

どうにもならない苦しさも焦燥(しょうそう)感も、すべてを与えたのはあの感覚――自分の人生なのに、いつも自分以外の誰か、自分以外の何かが自分をどこかに連れてゆく。人生が勝手に運ばれてゆき、自分の想いとは裏腹に現実がつくられてゆく――。

園さんが背負った**第1の運命**は、**「誰かに舵を握られた人生」**と言えるものです。

自分の人生なのにそうは思えない。どこか自分の人生が遠く、自分との隙間(すきま)を感じ

てしまう。自分の本当の居場所がない。

そんな感覚を抱いているのは、園さんだけではないでしょう。

あなたも、そのように感じたことはないでしょうか。

しかし、そのままでは、決して自分の人生の主人にはなれないのです。

等身大の自分の喪失――第2の運命

園さんの人生に限界を与えていた運命は、それだけではありませんでした。

3つの「ち」の「地」――芸能界という業界にも、大きな影響を受けていたのです。

芸能界は、スターを待望し、特別な輝きを生み出そうとする場所。その片鱗を持っているタレントは、宝物のように大切にされます。

若くしてアイドルとなった園さんにも、特別な待遇が待っていました。

仕事では、付き人が上げ膳据え膳で何でもやってくれました。家に帰れば、今度は、母親が微に入り細に入り面倒をみてくれます。

つまり、園さんは、日常的な雑事を自分ではやったことがなかったのです。

仕事場には車での送り迎えが普通だったため、1人で電車に乗ることもありません。切符の買い方がわからず、電車は怖くて乗れませんでした。

ところが、そんな特別扱いの園さんも、テレビドラマに出演するときは、普通の人を演じることになります。

あるとき、会社の秘書役になって、お茶を入れるシーンがありました。ところが、いざ撮影というときになって、園さんは固まってしまったのです。今まで人からお茶を入れてもらったことはあっても、自分で入れたことがなかったからでした。

園さんは、若くして舞台に上がり、たくさんの人々の前で歌ってきました。

舞台の上でカメラが向けられている自分——。多くの人から羨望のまなざしを受けている自分は、キラキラと輝き、何でもできるような自分でした。

しかし、日常の生活に戻ったとき、そこにいるのは、何も知らず、何もできない自分だったのです。

芸能界で人気者になれば、周囲から持ち上げられ、ちやほやされることは、ある意味で当然のことです。若くしてブレイクし、人気者になった人たちは、そうした「世間の目に映る自分」と「現実の自分」とのギャップを抱え、少なからず、それを持てあますことになります。

人気や評判によって、仕事が増え、立場を得れば得るほど、そのギャップは大きくなり、現実の生活を生きる自分は影が薄くなってゆくのです。

あるがままの自分を見失ってしまう。

それが、園さんが抱えた**第2の運命――「等身大の自分の喪失」**だったのです。

底なしの口を開ける人生の闇

この「第2の運命」から脱出することだけでも、いかにむずかしいことか――。

実際、多くの芸能界やスポーツ界、政界で活躍する人々が、この運命に翻弄されて自分を見失い、人生を壊してきました。

たとえば、つい先頃の舛添要一東京都知事の辞職。公私を混同し、常識を逸脱した政治資金の使い方によって、厳しい批判を浴びました。それは、政治家に貸与されている権限を自分の所有物と誤解してしまった結果です。道義的な責任を問う世論と、法律は犯していないと主張する持論の平行線は、まさに自身の立ち位置を見失っている証にほかなりませんでした。

覚醒剤の闇に陥った元プロ野球選手の清原和博氏もそうでしょう。高校野球で優勝して人気者となり、プロ野球を代表するホームランバッターとして活躍しながら、つくりあげられた「番長」「親分」のイメージに翻弄され、いつしか覚醒剤を常習するようになりました。

また、リオデジャネイロ・オリンピックでのメダルが期待されながら、裏カジノや賭博で無期限の試合出場停止の処分を受けたバドミントンの田児賢一選手と桃田賢斗選手。世界的に活躍するようになり、賞金収入が増加したことで浮き足立ち、悪の力に付け入る隙を与えてしまいました。

これらの人々が犯したことの愚かしさから、その行為を一刀両断にすることもできるでしょう。しかし、事はそれほど単純ではありません。

彼らは皆、与えられた資質の上に、並外れた努力を積み重ねて、それぞれのフィールドでしかるべき業績と評価を勝ち得た人たちです。それは一朝一夕で成し遂げられることではありません。

しかし、その上昇や評価が逆に、人生の闇に呑み込まれるきっかけとなってしまったのです。

彼らがいとも簡単に自らの人生の道を踏み外し、ドロップアウトしてしまったのはなぜなのか。順調にキャリアを発展させながら、なぜ足を取られ、口を開けていた人生の暗闇に陥ってしまうのか。それらを引き起こした原因の一端に、この運命——

「等身大の自分の喪失」があったことは間違いがありません。

形は違っても、かつて園さんもその危険にさらされていました。

何をやっても熱狂的に受け入れられる人気絶頂の時代が過ぎると、その熱は冷め、それまでとは正反対に、やることなすことがうまくいかなくなりました。かつては自分に近づき、持ち上げていた人たちが、手のひらを返したように、疎遠な素振りを見せる……。すべてを下降させ、暗転させる力に呑まれてしまったかのようでした。

自分がなぜ歌うのかもわからず、苦しい時代が続く中で、園さんは自分に自信が持てなくなり、気持ちも閉じこもりがちになりました。

その頃の園さんは、何かが、誰かがこの現状を変えてくれるのではないかと信じて、占いや神社仏閣、滝行や荒行、様々な宗教の門を叩きました。

しかし、現実は何1つ変わらず、不安は大きくなるばかりでした。もうどうにもならない――。そんな状況の中で、園さんと私は出会ったのです。

さあ、いかがでしょうか。これが、園さんと私が出会うまでの人生の道のり。私から見えた園さんの前半生です。

もし、園さんがかつてのままの園さんだったら――。2つの運命が生み出す人生の重力圏から抜け出すことはできず、そこに埋没したまま、間違いなく園さんのその後の人生は蝕まれてしまったに違いありません。

「自分」を取り戻す――第2の運命の逆転

しかし、そこから、園さんは、その運命の道すじを変えてゆくことになるのです。

忘れてはならない大切な人生の事実――。それは、人は誰も、自分で自分の人生を切り開く力をもともと抱いている、ということです。

42歳のとき、園さんは、独り暮らしを始めるという新たな選択をします。

「魂の学」に触れる中で、先に記した人生の条件――3つの「ち」が、どれほど今の自分に強い影響を与えているかを理解していった園さんは、自らを新たな条件の下に置いて、見つめ直してみたいと考えたのです。

部屋を借りる手続きや銀行口座を開く手続き、日常の買い物、料理や洗濯、掃除などの家事も、すべて自分ですることになりました。

初めて八百屋さんで1人分の野菜を買い、「5時に届けてね」と言ってひんしゅくを買ったこともあります。

毎日の生活も、歌手としての仕事も、これからの人生も、自分で考え、自分で行動し、その結果を受けとめ、新たな未来に向かってゆく――。

そうする中で、これまで物心ついてからずっと抱え込んできた、えも言われぬ心の空洞が、少しずつ埋まってゆくのを感じていったのです。

園さんの挑戦は、毎日に新鮮な光をもたらしました。そして、園さんをさらに次なるステップへと押し上げたのは、「魂の学」を学ぶＧＬＡの「プロジェクト」というボランティア活動でした。

プロジェクトは、セミナーの運営を担ったり、日頃の会員活動を支えたりしながら、奉仕活動と研鑽が一体となって進められます。

そこで大切にされている精神があります。**それは、プロジェクトに参加する人は、誰もが、1個の魂、1人の人間として参加するということです。**会社の社長も、医者も、大学教授も、商店の主も、サラリーマンも家庭の主婦も、学生も、社会における立場やはたらきを一旦横において、皆が横並びで、一緒になってはたらきを担うのです。園さんも、芸能人という肩書きを横に置いて、プロジェクトに参加しました。

裸の魂と魂の出会い。「どちらが上で、どちらが下か」を気にする必要のない、人間対人間の関わり。そこで知り合い、友人となった人たちは、園さんにとって、人生の宝物になりました。

さらに毎年8月、八ヶ岳山麓で行われる2泊3日の子どもたちのセミナーを支えるプロジェクトに参加したことも、園さんには大きな体験でした。

たとえば、炊飯プロジェクト。かつて、自分でお茶を入れたこともなかった園さんが、八ヶ岳の厨房で、他のプロジェクトメンバーの方々と一緒になって、セミナー参加者のために人参や大根などを切りました。夏の厨房は、特別な蒸し暑さです。その中で、何時間も野菜を切ることに集中しました。

プロジェクトを担うと、それまで見たことがない視点から世界を見ることになります。プロジェクトは、もう一つの人生を体験すること――。それは、プロジェクトを経験した多くの皆さんの実感です。

以前は、当たり前のように、周囲の人たちに用意してもらっていた食事。その1回1回にどれだけの想いが込められていたのか。それまでは考えたこともありませんでした。しかし、自分が用意する側、支える側になって初めて、どれほど支えられていたのかが身に沁みました。マネージャーにも母親にも、この人にもあの方にも……。その支え、助力があって、自分がいたんだ――。園さんの心に、自分を支えてくれる人たちへの感謝の想いがあふれてきました。

セミナー参加者の皆さんのことを一心に想い、作業が終わったときの爽快感。世界がまったく違って見えました。

「こんな素晴らしい瞬間がこの世界にあるなんて！」

思わずそんな言葉を洩らしました。それは、世界と確かにつながっている自分の確信です。

園さんの心は、他人のために尽くすことの、言葉に表しがたい充実感、確かな生きる実感に満たされていました。

こうした経験が核となり、やがて園さんは、空虚だった心の中に、人としての生き方を取り戻し、第2の運命を逆転させていったのです。

「1人の人間」として受けとめる——そうならざるを得ない人生を知って

第1の運命——「誰かに舵を握られた人生」は、さらに人生の成り立ちと深く結びついています。

それは、両親、特に父親との間でつくられてきた運命と言ってよいものです。その束縛を解き、超えてゆくためには、両親との関わりを結び直すことが必要でした。

父親との関わりを結び直す――。

言葉にすることは簡単ですが、園さんにとって、それは考えることさえ容易ではありませんでした。幼い頃から自分を守ってくれるはずの存在が、守るどころか面倒ばかり持ち込んでくる。そんな父親なら、いない方がまし。そのうえ、人生との隙間をつくった張本人……。だからこそ、父親との関係を変えることは、決してたやすいことではなかったのです。

しかし、人生の受けとめ方を身につけ始めた園さんは、少しずつ自分自身の生き方に自信を取り戻してゆきました。それとともに、父親を「1人の人間」として受けとめられるようになっていったのです。

それには、本章の冒頭に触れた「魂の学」の法則――3つの「ち」を知り、それが見えるようになったことが決定的でした。

「まさか、本当に、両親の言葉や考え、仕草が、自分のもののように生き続けているなんて！」。園さんは驚きました。

この3つの「ち」を含む人生の法則をお伝えするとき、私が強調することがあります。それは、**その多大な影響を受ける点で、一切、例外はないということです。**職業の違い、社会的な地位の違い、親子という立場の違い、男女や貧富の差にかかわらず、「誰もがそうならざるを得ない」のです。

「みんなそうだった。自分の人生をかき回した父もそうだったんだ。父もまた3つの『ち』を背負い、不自由を抱えて生きてきた1人の人間なんだ……」

人生の法則を何度も噛みしめる中で、そんな感慨が園さんに訪れていたのです。

もう何もかも許せる——再会の時

1999年のこと。父親が病気のため、入院することになりました。

その知らせが入ったとき、一瞬、園さんは、「何でまた、私が父の面倒を見なくちゃならないの」と思いました。幼い頃から、幾度となく父親の迷惑を被ってきた過去の気持ちが動いたのです。

しかし、その一方で、すぐに「これは自分への呼びかけ——人生からのメッセージだ」と思いました。新しい歩みを続けてきた園さんには、その事態を受けとめる心が生まれていたのです。

父も年を取った。園さんから見れば、かつて父親は、父親として家族を守ってしかるべき存在でした。しかし、次第に自分が面倒をみるべき存在になっていたのです。そんな父親の姿を見守り、毎日、話を聴いてゆく中で、園さん自身の深くに、次第に父親の人生の哀しみが染みてくるようになりました。

父にも叶わなかった夢があり、どうにもならなかった現実がある。父だけが噛みしめた失望や落胆があった――。

4月になったある日。お見舞いにきてくれた友人の方々と一緒に、父親を千鳥ヶ淵のお花見に連れてゆきました。風の強い日でした。桜が花吹雪のように辺りに散っていました。車いすを押してその花びらの中を歩いているとき、父親がぽつりとこう言ったのです。

「もう、この桜の花が見納めだな……」

その言葉を聞いた園さんは、もう何もかも許せるような気持ちになりました。

そして、そんな気持ちになった園さんが想ったのは、母親のことでした。

母は、この父に自分と同じように苦しめられたもう1人の女性――。**その母に何と**

か、今の父を見せてあげたい、そして父との関わりを結び直させてあげたいと思ったのです。

もしかすると母は、自分以上に苦しめられていたかもしれない。だからこそ、何とか……。

しかし、これまでの様々な経緯の中で、両親の関係はこじれにこじれていました。両親が再会し、その関係を修復させるなんて、どう考えても無謀に思えました。

顔を合わせて話をすることさえ、むずかしいのではないか。そもそも母親が、病室に来てくれるだろうか。たとえ来てくれたとしても、これまでのように一触即発、そこで激しい喧嘩になってしまうのではないか……。

そんな心配が何度も心をよぎりました。

それでも、自分に訪れた思いがけない気持ちを信じ、一縷の望みを抱いて、母親に父親の近況を話したのです。

「お父さんも本当に変わったのよ。だからどうか、お母さんに一度、病室にお見舞いに来てほしいの」

園さんの気持ちのあまりの変わりように、母親は申し出を受け入れてくれました。

ある日、父親の病室にいたとき、ドアに近づいてくる人の気配とともに、コツコツという足音が響いてきました。園さんは胸がドキドキ高鳴ったと言います。

病室のドアが開き、母親が姿を見せました。

一瞬の沈黙。その姿を目の当たりにして、びっくりする父親――。すると、次の瞬間、父親はベッドの上で正座をし、母親に向かってこう言ったのです。

「今まで悪かった――」

考えてもみなかった父親の姿でした。園さんは驚き、心の底から熱いものがあふれてなりませんでした。

それからほどなく、父親の病状は悪化し、昏睡状態が続くようになりました。

あまり時間は残されていないと園さんも感じました。

そんな中、母親は、もう一度、病院を訪ねてきてくれました。

もう何もわからない父親――。ベッド脇に立った母は、様子を見守りながら、右手で優しくおでこに触れ、撫でました。

すると、意識がないはずの父親の目から、一すじの涙が流れたのです。

最期のとき、どう考えても修復不可能と思われた両親の心が、再び通い合った瞬間でした。

父の遺言（ゆいごん）――第1の運命の逆転

父親の意識がなくなる少し前、園さんが車いすを押して病院の庭を散歩していたときのこと。父親がふと、噛（か）みしめるようにこう言ったのです。

「まり子。歌がお前の天命（てんめい）だよ……」

父親として、何も十分なことはできなかった。それどころか、何度も面倒（めんどう）をかけ、多くの葛藤（かっとう）を与えてしまった。

埋（う）めることができない親子の心の溝（みぞ）――。

それでも父親は、長い間、その言葉を園さんにかけたかったのではないでしょうか。

そして、その言葉を何の抵抗もなく「そうなんだな」と受けとめることができる園さんがいました。

歌がお前の天命だよ……。

そう伝えることができて、心残りはない。もう自分はいつ人生を終えてもよいと思ったかのように、父親の病状は急に悪くなり、人生の最期を迎えたのです。

友人たちに囲まれ、会うことさえむずかしかった母親と再会して娘と心を通わせる。そのような人生の最期のときを迎えられるとは、考えてもみないことでした。

心のしこりとなっていた父親との関わりを結び直せたことは、新たな人生に向かう園さんにとって、かけがえのない一里塚となりました。

園さんを支配していたあの運命の束縛が、嘘のように解消されていったのです。

園さんは、自ら人生の舵を握り、自分で行動する選択をしました。人生の主導権を自らに取り戻したのです。

運命の束縛から自由になるということは、それだけ生きる力を発揮できるようになることです。

スタッフとの関係も変わってきました。マネージャーは園さんのよき理解者です。ときには家族のように受けとめ、励まし、ときには親友のように正面から意見を言って心から関わってくれます。

歌を聴きに来られる皆さんとの関わり方も、変わってゆきました。

かつての園さんには、売れっ子歌手としてこんなこだわりがありました。

「自分のプライドが許さない場所では歌わない」

しかし、今、園さんは、自分が必要とされる場所があれば、どんな小さな会場にも出かけてゆきます。そうすることがうれしくて仕方がないのです。

かつては、歌にまっすぐに向き合えず、なぜ歌うのかもわからなかった園さん。

しかし、今は違います。人が生きる中で抱く苦しみも喜びも、すべて自分のこととして感じている。なぜ自分が歌うのかもわかる。歌の心も、その力も信じている。本心から、人間の喜びと悲しみを歌いたいと願っているのです。


歌に本当の気持ちを込める。すると、歌っていて涙が出てきてしまう。ふとお客様の方に目を向けると、お客様も泣いている。公演が終わると、ときにおばあちゃんが抱きついてくる。皆さんが励ましてくれる。歌うことが深い喜びを与えてくれるのです。

この園さんは、2つの運命の重力圏に埋没していた、かつての園さんではありません。

『逢いたくて逢いたくて』をはじめ、数々のミリオンセラーをヒットさせ、NHK「紅白歌合戦」に連続出場するなど、国民的アイドル歌手として活躍してきた園まりさん。しかし、「自分がなぜ歌っているのかわからない」という苦しみを抱えていた。転機は、「魂の学」との出会いとともに訪れた。精神世界に起こった変化が、歌うという行為そのものを根底から変えてしまったのだ。今、園さんは心の底から湧き上がる喜びや悲しみを歌に託し、そのステージは、かつてとは比較にならないほどの深まりを見せている。

園さんは、人間として大きく変貌していった。試練に対する生き方がまったく変わっていたのです。

新たな人生の分岐――自由の現実

今年2月頃のことです。

大事なステージの当日、園さんは、突然、声が出なくなってしまうという緊急事態に見舞われました。病院に行くと、急性声帯炎との診断。高音がまったく出ず、とても歌える状況ではありませんでした。

「当日に声が出なくなってしまうなんて……」

この仕事を始めて54年、初めての出来事でした。

かつての園さんだったら、アクシデントに動揺し、マネージャーに任せて、自分はその場から立ち去ってしまったかもしれません。

しかし、運命の束縛から自由になった園さんは違いました。こう考えたのです。

「自分は、ステージでずっと育ててもらってきた。だから、たとえ歌えなくても、できることを何かさせていただきたい」

園さんは、舞台に上がると、喉の不調から歌のステージができないことを丁寧にお詫びし、高音が出なくても歌える1曲、『夢は夜ひらく』をアカペラで歌いました。

歌の心が客席の1人ひとりの胸に沁み入ってゆきました。

そして、**歌を歌えない分、皆さんにきちんとご挨拶させていただきたいと、会場の中に入り、1人ひとりに声をかけていったのです。**

これには、お客様の方がまいってしまいました。

「園まりの歌は聴けなかったが、その心に触れた――」

園さんの姿勢は、大変な好感を持って受けとめられました。

終了後、ステージの責任者も、「こんなステージがあり得るなんて、考えたこともなかった」と感じ入っていました。

園さんは、最初から、決まりごとのように考えてそうしたわけではありません。

自分でも思ってもみなかった試練に遭遇したとき、これまで育んできた生き方の中から、そんな判断と行動が自然に生まれてきたのです。

それは、今までとはまったく違う、新しい園さんでした。

今から10年近く前、癌を患ったときもそうでした。２００７年、体調不良が続き、検査を受けたところ、乳癌が発見されたのです。

かつての園さんなら、癌の告知に動揺し、不安で恐ろしくて仕方がなかったでしょう。きっと周囲の人たちを巻き込み、大変な状態になっていたかもしれません。

しかし、そのときすでに園さんは、この事態を強い心で受けとめることができました。癌の告知にも驚くほど冷静で、周りの人たちの方が心配してハラハラしていたほどでした。不安そうな周囲をよそに、園さんはVサインをして入院したのです。

手術が終わると、執刀医の先生の「成功しましたよ」という第一声。

園さんは、先生が手術前に言っていた「まりさんの『逢いたくて』が聴きたいな」という気持ちに応えて、本当にその場で、アカペラで歌って差し上げようかと思ったほどでした。手術直後でさえ、それだけ確かな気持ちで元気そのものだったのです。

歌手・園まりから人間・園まりへ

癌の体験は、園さんの人生の大切な節目となりました。

かつて、人のまなざしに揺れ動き、心を開けなかった園さんだったら、自分が癌になったことを人に語ることなど決してしなかったでしょう。

しかし、今は、一緒に仕事をする人たちには癌であったことを伝え、自分が癌にどう向き合ってきたかをお話しししています。

そして、自らの経験から、癌の早期発見がいかに大切かを実感した園さんは、「これから自分と同じ試練に直面するかもしれない多くの女性たちが、少しでも早期発見ができるように、自分の経験を生かしてほしい」と願って、雑誌の取材も積極的に引き受けるようになったのです。

ちょうど、そうした取材が増え始めた数年前、ある集いの終了後、私は園さんにこれからの未来についてお話しするためにお会いしました。

今、園さんの周囲で少しずつ生まれていることの兆しとその意味について、お伝えしたいと思ったのです。

「まりさん。今、まりさんの周囲で起こっていることは、ただ偶然に起こっていることではないと思う。

かつて、まりさんは歌手であり、芸能人として、多くの人々に関心や話題をもたらす存在だった。でも、今はそれだけじゃない。

あれから、長い年月が経って、まりさん自身も『魂の学』を学び、自分の人生の呼びかけに耳を傾け、それを受けとめて、人として成長してきた。それは、同じ人として、迷い苦しみながら生きている多くの人たちに伝えられることが、まりさんの中に生まれたということじゃないかしら」

園さんは、「本当にそうだ」と大きくうなずかれました。

「そのまりさんが、癌という病を体験して、それを克服し、さらにお父様を長きにわたって介護して、本当に大切な人生の最期を看取ることができた。まりさんは、ますます人間として豊かになったということだと思う。

今、受けているマスコミの取材は、それと呼応するように、1人の女性、1人の人間としてのまりさんに焦点が当てられている。どのように病気を克服してきたか。また親の介護といかに向き合い、仕事とどう両立させたのか——。

講演の中で、会場にいた園まりさんを舞台に呼び、その人生の歩みを紐解いてゆく著者。人生の始まりにおいて、父親の影響によって重い運命を背負った園さんは、後年、「魂の学」を実践してゆく中で、その父親との関わりを結び直していった。その歩みは、同時に園さんの背負った運命を逆転させる歩みでもあった。そして、両親の介護に尽くし、自らの癌を克服した園さんは、心からの輝きに満ちている。テレビや雑誌の取材が絶えないのも、歌手・園まりから人間・園まりへの進化が起こったからにほかならない。

多くの人がそれを聞きたがっていると思う。それは、歌手・園まりから、人間・園まりへの飛躍（ひやく）であり、まりさんの新しいステージだと思う。きっとこれからは、歌だけじゃなくて、お話をすることもお仕事になってゆくと思いますよ」

園さんの顔に明るい光がさっと差し込んだようでした。園さん自身が未来を感じたのです。

病の問題、介護の問題――。今、それらに直面している読者の皆さんも少なくないでしょう。

つい先頃も、NHKの教育テレビ『ハートネットTV』で、園さんの癌体験とリハビリ、介護の歩みが取り上げられました。

仕事も順調です。2005年からは、中尾ミエさん、伊東ゆかりさんとの三人娘の活動を再開したばかりでなく、人間・園まりという視点から、最近は、歌と語りの仕事も増えています。人生はますます充実し、深みと輝（かがや）きを増しているのです。

園さんにとって、こうした現実は、かつては考えることも、想像することもできなかった未来です。**園さんは、自らの内側の力を引き出して、人生を取り戻しました。運命は逆転した！** 園さん自身もそう確信しています。

成長の法則――重力圏脱出を促す3つの心

私は、人間の成長の法則を、誰にでもわかりやすい言葉を使って「3つの心」という形で示しています（図3）。

どんな人も、赤子の時代は、誰かに支えてもらい、助けてもらい、与えてもらって、初めて生きてゆくことができます。私たちは皆、その段階から人生を始めています。

もらうことによって生きる――。このときの心は、**「もらう心」**と表すことができます。赤子は「もらう」ことが何よりの喜びです。その心を持つ私たちは、何かを与えてもらい、支えてもらい、助けてもらうことを当然とするでしょう。

しかし、成長するにしたがって、人は、何かをしてもらうだけではなく、自分で「できる」ことを求めるようになってゆきます。

歩くことができるようになり、文字が書けるようになり、話ができるようになり、算数ができるようになり、仕事ができるようになり……といった具合に、「できる」ことを増やしてゆくのです。「できる」ことを喜びとし、それを増やしてゆこうとす

人間の成長の法則

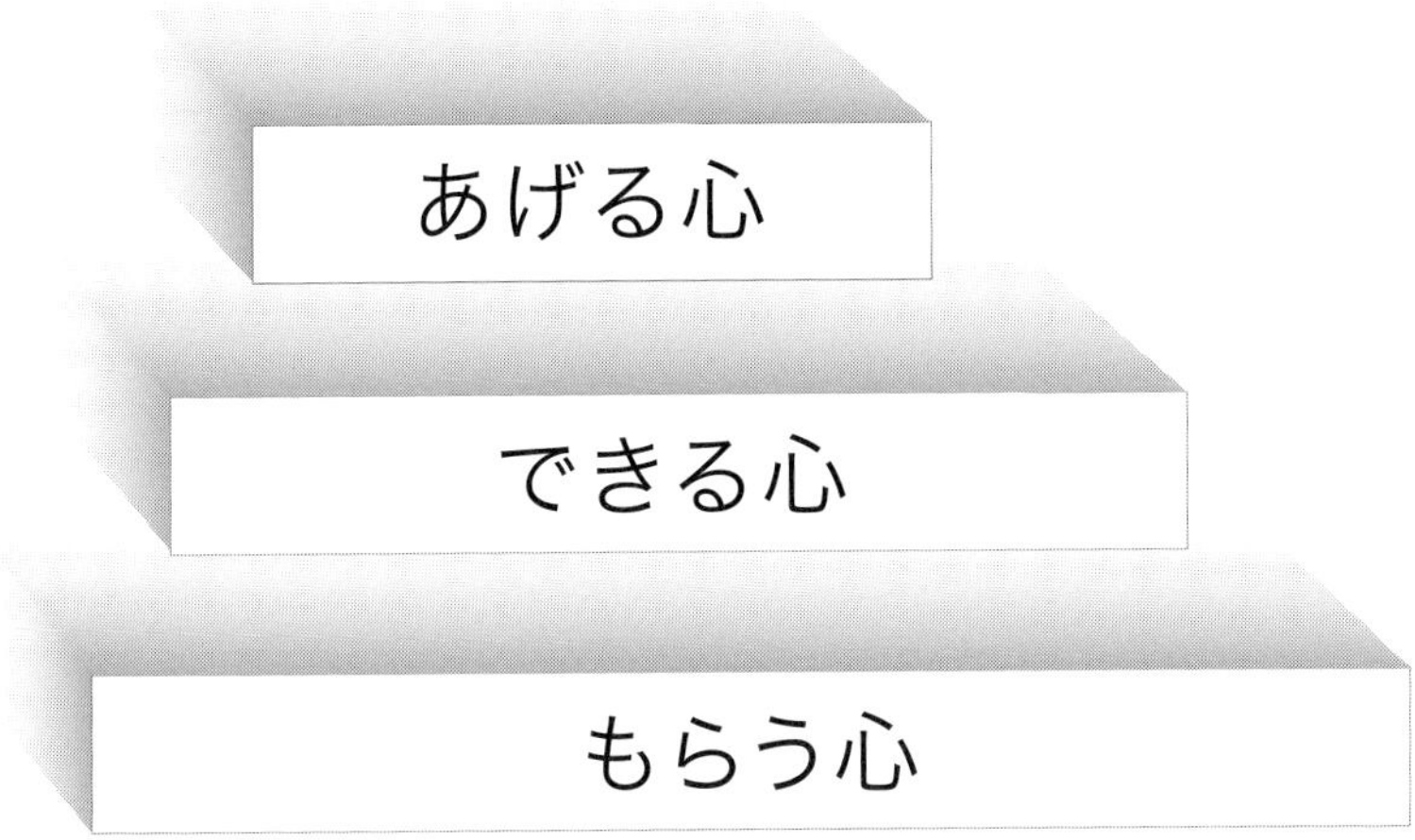

あげる心

できる心

もらう心

図3

る心を**「できる心」**と呼びます。

「できる心」は、今日、もっとも多くの人々が抱いている心と言えるかもしれません。それは、様々な自己実現を求める段階です。

しかし、私たちの魂の成長は、そこで終わるわけではありません。さらに、その先があるのです。

それは、自分のことを超えて、誰かに、出会う人々に、関わる方々に、何かをしてさしあげることを何よりもの喜びとする「あげる心」です。

この「あげる心」こそ、私たちが本来抱いている「魂の力」を引き出すものです。

自己の完成をめざすだけではなく、共に生きる人たちの力になる。周囲の人たちを励まし、支える力になる。同じ時代を生きる人たちを押し出す力になること――。

「もらう心」「できる心」「あげる心」

単純な言葉ですが、これは、与えられる自分から、自分の力を育む段階を経て、さらに自分を超えて、広がるつながりに応えてゆく私たちの魂の成長の法則を表しているのです。

これまで様々に研究されてきた人間の成長段階においても、それは一貫して共通するステップです。

たとえば、20世紀の心理学に新たな領域を開いたアブラハム・マズローは、人間の欲求を5段階で考え、さらにその上に「自己超越」の段階があると言っています。また、米国の現代思想家ケン・ウィルバーも、人間の意識の成長段階を示しながら、人間の発達とは「自我中心性が次第に減少すること」と語っていますが、これも「人間は心を成長させるに従って、自分を超えて他のために尽くす」という真実に触れた言葉と言えるでしょう。

そして、**「もらう心」「できる心」「あげる心」の3つの心の段階は、本章の園まりさんがたどってきた運命の重力圏脱出の歩みそのものではないでしょうか。**

自分以外の何かに人生が運ばれていると感じ、面倒なことは周囲の人たちにしてもらっていた園さん。そのとき、園さんは「もらう心」で生きていて、自らの人生の主導権を発揮することなく、2つの運命の重力圏に埋没し、人生の苦しみをどうすることもできませんでした。

その後、園さんは、1人で生活を始め、どんなことも自分でやり、自ら人生を取り戻す歩みを始めました。「できる心」の段階です。しかし、「できる心」は、運命の重力圏を自由に往き来することはできても、それを完全に突破することはできません。まだ3つの「ち」の優劣や損得、価値観に大きく影響されるからです。

そして、園さんは、「できる心」を超えて、しこりを抱えていた父親との関わりに向き合いました。病に倒れた父親を受け入れ、「心から父を支えたい」という気持ちで看病と介護を続けながら、父親を同じ人間として受けとめ、その人生の痛みを思いやりました。その歩みの中で、自分にとって、歌は天命であり、なぜ歌を歌うのかをはっきりと知りました。歌を通じて、「人間の喜びと悲しみを伝えたい。人間を励ましたい」という「あげる心」の段階に踏み入ったのです。

園さんは、1人の人間として、「もらう心」→「できる心」→「あげる心」というように、心を成長させてゆきました。それは、人生を束縛していた運命と向き合い、その呪縛を解いて、新たな運命を導いた歩みそのものでした。

2つの運命の重力圏からの脱出――。まさに運命逆転の現実です。

この3段階を歩むのは、もちろん園さんだけではありません。

それは、すべての人が歩むことを予定されている共通の道であり、運命の重力圏を脱出させる魂成長のステップなのです。

❷章

人生創造の法則

——慣性力という運命を超える

昨日のような今日、今日のような明日

本書は、人間の運命を探究することを目的としています。しかし、ここまで読まれた読者の中には、このように感じている方も多いのではないでしょうか。

運命？　私の人生はそんなにドラマチックじゃない。

運命なんて、一部の特別な人が生きる波瀾万丈の人生のこと。私のような平凡な毎日を生きている人間には関係ない話――。

では、そういう方々にとって、人生の印象とは？

昨日のように今日がつくられ、今日のように明日がつくられてゆく――。

そんな人生には、運命という言葉は似つかわしくない。

あなたもまた、そのような気持ちを抱かれているかもしれません。

しかし、本当にそうでしょうか。

プロローグの佐々木一義さんや1章の園まりさんの人生にはたらいた力、**人生を意図せぬ方向に急回転させる力が運命であるとすれば、「昨日のような今日、今日のような明日」といった人生の慣性力をつくり出すものも運命の力なのです。**

慣性力というもう1つの運命——。

誰がつくったかも教えられず、いつ生まれたのかも知らされない人生の流れです。本当にあるのかさえ定かでない人生の流れに乗せられて、どこへ行くのかも知らされぬまま、まるで大海を漂流するがごとく、見知らぬ場所に流されていってしまう人生。

では、そのような運命を逆転させることはできるのでしょうか？

本章では、お1人の方の人生をたどりながら、慣性力というもう1つの運命を探究してゆきたいと思います。

不穏な空気

その方は、岐阜県にお住まいの中島広宣さん。中島さんは、1960（昭和35）年の暮れも押し迫った日に、両親と男ばかりの3兄弟の末っ子として生まれました。貧しくはあっても、当時はどこにでもあった平均的な家庭でした。

しかし、中島さんにとって、人生は最初から困難を抱えていたのです。

その始まりは、兄弟との確執でした。中島さんは、幼い頃からずっと上の兄から押さえつけられていました。頭ごなしに怒鳴られたり、ときには無理難題を命じられたりすることもありました。抵抗しようとしても、体も大きく、力でも言葉でもかなわない。兄弟であるにもかかわらず、中島さんは、兄からいつも脅かされていると感じていました。

「あんたがいる限り、世の中は明るくならない」

本気でそう思っていたのです。どうしても兄弟とうまくいかず、疎外感を抱えていた中島さんでした。

ただ、もしそれだけなら、世の中にはよくある人生の始まりだったのかもしれません――。そこから、**気づいたときには、中島さんの人生は不穏な空気に満たされ、徐々に運命と呼ぶにふさわしい形をつくり出してゆくことになったのです。**

中島さんは、小学校3年生のときに、父親を亡くします。長らく病で床に伏していたこともあり、父親の死自体は、大きな打撃にはなりませんでした。

しかし、1周忌となる翌年、中島さんは、親戚のおばさんから、それまで聞いたこともない話を聞かされ、衝撃(しょうげき)を受けるのです。

心の空洞(くうどう)に風が吹く

3人兄弟の中で、実は、中島さんだけが母親が違う。しかも、その事実を2人の兄は知っている――。

「えっ……⁇」

最初は、何を言われているのかさえ、わかりませんでした。

「俺(おれ)だけが知らなかったのか――」。やがて事態が飲み込めてくると、上の兄とうまくいかないことも、自分が感じた疎外(そがい)感も、みな合点(がてん)がゆきました。

「だから、俺に対してあんなにつらく当たったのか」

「すべては、俺だけがお母ちゃんが違うということからきていたんだ」

言葉にならないショックでした。

「胸にぽっかり穴が空(あ)いて、風がビュービュー吹いている。塞(ふさ)いでも塞いでも、塞ぎきれない。本当に苦しい――」

中島さんは、このときのことを決して忘れることができません。

「みんな俺をだましていたのか。もういい。何も信じない。家族も誰も信じない」

そんな気持ちでした。そして、

「わかった。もういい。これからは、俺は俺でやってゆく」

そう決意したのです。

中島さんに会った誰もが感じることですが、中島さんは純朴で、心根がとても優しく、ものごとに驚くほどまっすぐに向かう人です。

だからこそ、それまで兄弟との関わりが苦しくても、きっと自分に悪いところがあるのだと受けとめていたに違いありません。

そしてまた、だからこそ、このとき、信じていたのに何で自分だけを外に置いたのだと強いショックを受け、強烈な不信感と怒りを爆発させたのでしょう。

自分に一番近いはずの家族が信じられなくなることがどれほどの衝撃となるのか。

自分は世界の中で独りぼっち。孤立無援。頼る人も、信じられる人もいない。

人間に対する信頼感を喪失した中島さんは、その内に人間不信、世界不信を抱え込

み、過度な敵愾心に苛まれました。その心は、自分を信じることをも阻み、内なる力を臆せずに引き出すことができなくなっていったのです。

手に負えない不良高校生時代

わずか10歳で、人間と世界に対する強い不信感を心に刻んだ中島さん――。人生に対して投げやりになり、高校生の頃には、いっぱしの不良になっていました。

仲間とつるんで、オートバイの暴走に明け暮れる爽快感。まじめな生徒であることがなんてばかばかしいことか。シンナーに手を出し、交番に石や花火を投げ込んだこともありました。そうすることが、自分が特別な存在であることの証だと思えたのです。

手に負えない無軌道さはエスカレートし、挙げ句の果てに、警察に補導され、保護観察処分を受ける事態になりました。

高校2年のとき、中島さんは、学校から退学処分を言い渡されてしまいます。その処分が話し合われた最後の職員会議では、担任の先生以外、誰も中島さんを引き留めようとはしなかったと言います。それほど中島さんは、手にあまる存在になってしまっていたということでしょう。

そして、中島さん自身も、自分で自分のことをどうすればいいのか、わからなかったのです。巨大なニヒリズムは、中島さんの中で自暴自棄を引き起こし、破滅の道を突き進ませていました。

推して知るべし――もし、慣性力のままなら

高校を中退した中島さんは、その後、親戚の伝手もあって、電気工事会社に就職します。ここで心機一転――となっていたらどんなによかったでしょう。

しかし、現実はうまくいきませんでした。

問題を起こして高校を中退した中島さんに、世間の風当たりは強かったのです。「不良」だったというレッテルは、周囲の対応をことさら慎重にさせました。

中島さんは、新しい歩みを始めるために、早く技術を身につけたいと思いました。

ところが、同期の仲間がどんどん新しい仕事をしてゆくのに、自分だけは設備や機器に触ることも許されませんでした。

ある日、同期の社員と一緒に現場に行かせてもらったときのこと——。

「いよいよ、これで仕事をさせてもらえるぞ」

そう思った中島さんでした。

しかし、現場に着いて作業が始まると、中島さんの仕事は、同僚が「ドライバー、ペンチ」と言う声に合わせて、道具を差し出すだけだったのです。

「自分は道具持ちしかできないということなのか」

「人生をやり直そうとしているのに、世間は認めないのか。俺じゃだめなのか」

少年のときに吹き荒れた虚無の風が、なお一層の激しさをもって、再び沸き起こりました。

人生なんて、こんなものか——。

呪われた自分の人生。先のことを考えれば考えるほど、希望などどこにも見出すことはできなかったのです。

中島さんは、底なしの暗闇に、独り取り残されてしまった気持ちでした。

若くしてこんな絶望的な想いを抱くことになったら、どうでしょう。ものごとを前向きに受けとめ、建設的に取り組んでゆくことなどできるはずもありません。

この時期に至って、中島さんの人生の不穏な空気の密度は高まり、その道ゆきは、無軌道な蛇行を始めてゆくことになります。

その後の中島さんの人生は、どこへ向かってゆくのでしょうか。

もし、中島さんが、**昨日のような今日、今日のような明日**——という感覚の中で生きてゆくことになったとしたら、人生はどうなっていたでしょうか。

それは、推して知るべし——。中島さんの人生は、運命の慣性力に導かれるまま、限界を越え、破綻してしまったに違いありません。

運命逆転の鍵は1つ1つの「選択」

運命の重圧を表す言葉として、「定め」という言葉ほど、私たちの実感に近いものはないのではないでしょうか。

中島さんの場合、人生が不穏な空気に満たされることは、まさに「定め」のごとく生まれる前に決められていたのです。

避けたいと思っていても、目の前に立ち現れてしまう。起こってほしくなくても起こってしまい、近づきたくなくても近づいてしまう。

「運命は変えられない」と思っているからこそ、私たちはどうすることもできない、動かしがたい現実の前でつぶやくのです。

「仕方がない。これが運命だ――」

しかし、人生がいかに巨大な力によって揺り動かされているとしても、変わることのない真実があります。それは、**人生を形づくるのは、究極のところ、私たち自身の1つ1つの選択であるということです。**

私たちは、すべての瞬間、何らかの選択をしていると言って過言ではありません。

重要なことは、その選択が、現実の形をつくっているということです。

どんな定めがはたらこうと、あらゆる人生の分岐点は「選択」にあるのです。

選択、選択、そして選択――。それが人生を形づくってゆきます。

そして、この「選択」は、単純に、左か右かという選択ではありません。

「選択」の本質は、目の前の事態を「カオス」と捉えることの中にあるのです。

カオスの法則――1度結晶化したら元には戻らない

「カオス」と聞くと、多くの人は、コントロールを失った無秩序状態のことを思い浮かべるかもしれません。

しかし、本書で言う「カオス」は、そうではありません。**もともと「カオス」とは、宇宙開闢前の形も何もない、あらゆる未来を孕んだ混沌とした状態を指しています。そこには、光も闇も、無秩序も秩序も、すべての可能性と制約が含まれているのです。**

私たちに訪れる出会いや出来事が未来にあるとき、それはまだ形も輪郭もなく、結果も出ていない「カオス」として存在しています。

そこには、未来に向かうヴィジョンもあれば、問題の種、ありとあらゆる可能性と制約が織り込まれているのです。

そして、私たちがそのカオスに関わることによって、それは１つの現実に結晶化します。様々な形に変化する可能性をもっていたカオスは、結晶化して、特定の現実として固定化されるのです。

そして、私たちが１度触れて結晶化したカオスは、決して元のカオスには戻らないということです。

それは、どういうことでしょうか。

身近なことで言えば、食事をつくるとき、野菜や肉、魚といった材料は、いわばカオス。それはまだ何になるか、形も結果も出ていません。しかし、その材料に触れて調理を始め、料理が完成したならば、カオスは結晶化し、１つの現実・料理として固定化される。そして、１度、結晶化し、固定化した料理は、もう元のカオス、材料の状態に戻すことはできません。

また、世界を見渡せば、２０１６年６月、英国では国民投票によってＥＵからの離脱が決まりました。投票前、自国の未来に関する様々な議論が噴出していたとき、まだ事態はカオスでした。どうなるのか、形も結果も出ていない。どんな可能性や制約を語ることもできる。未来を想像することも自由です。しかし、投票日が来て、人々が票を投じ、離脱に決すれば、固定化してしまう。その後、どんな現実的な不利益が明らかになろうと、EU離脱という現実は、もう元のカオスには戻らないのです。

人生創造のユニット

新たな1日、新たな機会、新たな出会い、新たな仕事――。それらは、すべて未来から「カオス」として私たちの前にやってきます。継続的な仕事や課題であっても、最終的な結果が出ていないなら、それらは「カオス」。一度結果が出ても、「次」があるものはみな「カオス」です。

未来からやってくる「カオス」に、私たちが、どのような心構え、態度、行動で触れ、いかなる形を与えるのか――。

カオスとの接触の仕方により、10の問題を1に減らすことも可能であれば、逆に1の問題を10に拡大することにもなりかねません。

また、始まりには10あった可能性を0に消してしまうことも、1の夢を10の業績へと拡大することも可能なのです。

そのように**カオスに形を与えるもの——。それは、私たちの「心」です。**

プロローグでも述べたように、それほど大切な心であるにもかかわらず、私たちは、自らの内側で起こっていることを、正しく理解することができずにいます。

見つめようとして見つめがたい、捉えようとして捉えがたい。

そんな心をつかむために、私はこれまで、心のはたらきを「受発色」という言葉で表してきました（図4）。

「受」とは受信。ものごとを「感じ・受けとめる」はたらきです。「発」とは発信。感じ受けとめた後、「考え・行為する」はたらきです。その結果、生まれてくる現実を「色」と呼びます。この「受」「発」「色」が回り続けるのが、心のはたらきです。

花を見て、「美しいと感じ」（受）、「それをほしいと思って手折れば」（発）、傷ついた植物の現実（色）が現れます。試験の結果に「これではダメだと受けとめ」（受）、「これまで以上の努力をしようと実際に頑張れば」（発）、改善の結果（色）が現れるでしょう。

心のはたらき ── 受発色

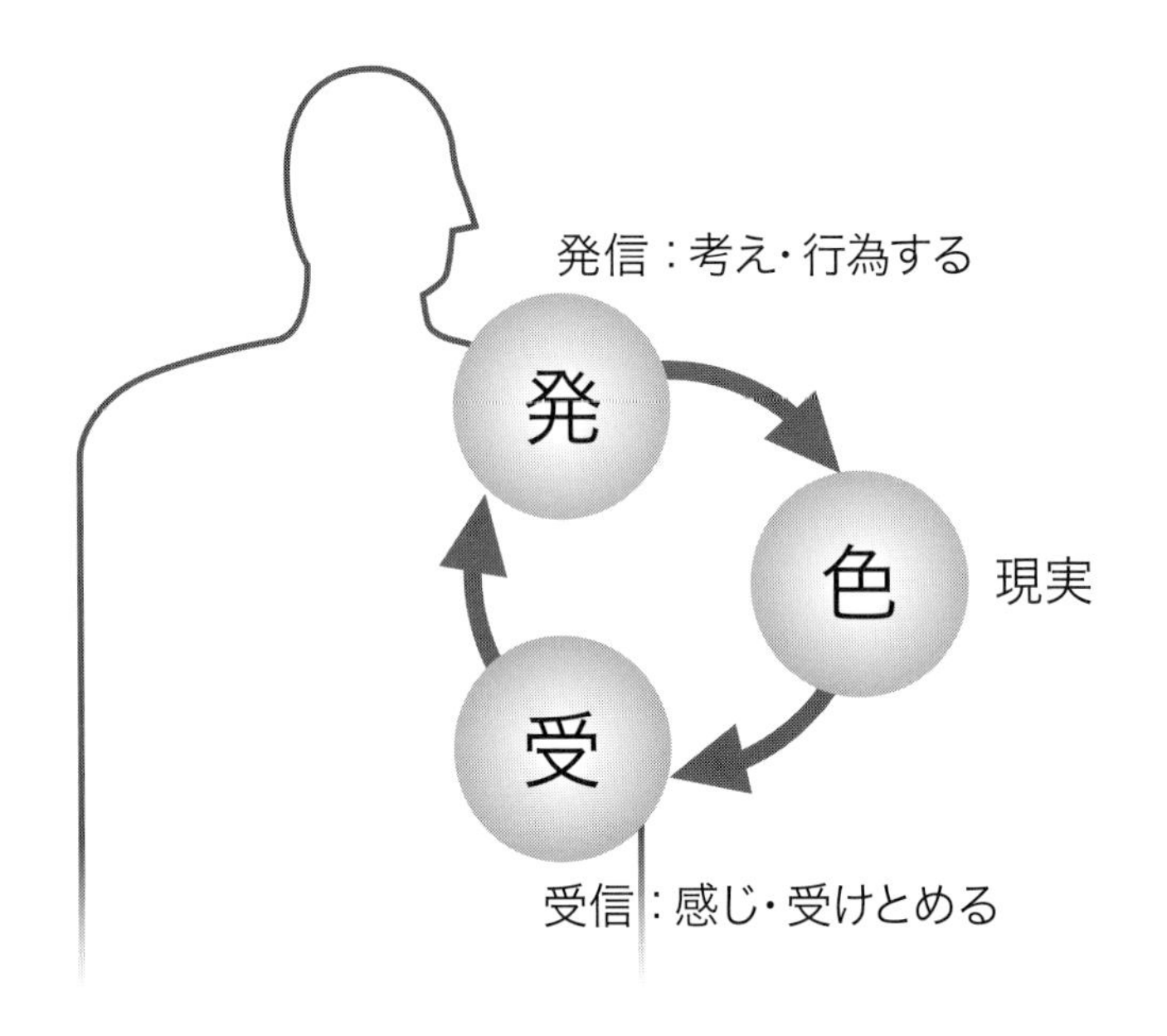

図4

「受発色」という言葉は、皆さんの人生を激変させるポテンシャルを有しています。それは、これから本書を読み進める中で、徐々に明らかになってゆくことでしょう。

無数の可能性と制約を抱いたカオスに、光転の現実という形を与えるのか、あるいは暗転の現実という形を与えるのか——。それは、私たちの受発色にかかっています。

そのとき、私たちの受発色がカオスに1回触れると、そこに1つの光転、もしくは暗転の現実が1つ生まれる。そう思っていただきたいのです。

この**「カオス→受発色→光転・暗転の現実」こそ、人生を形づくる基本単位、人生創造のユニット**（図5）にほかならないのです。

もし、私たちが、やってくる「カオス」の中から、次々に光転の現実を引き出すことができればどうでしょう。それを何百回と重ねることができたら——。

どんなに困難に見えても、不可能に思えても、「事態はカオス」と受けとめ、その中にある可能性——光転の因子を手繰り寄せ、引き出そうとアクセスし続けること。その選択こそが、新たな運命を切り開くのです。

人生創造のユニット

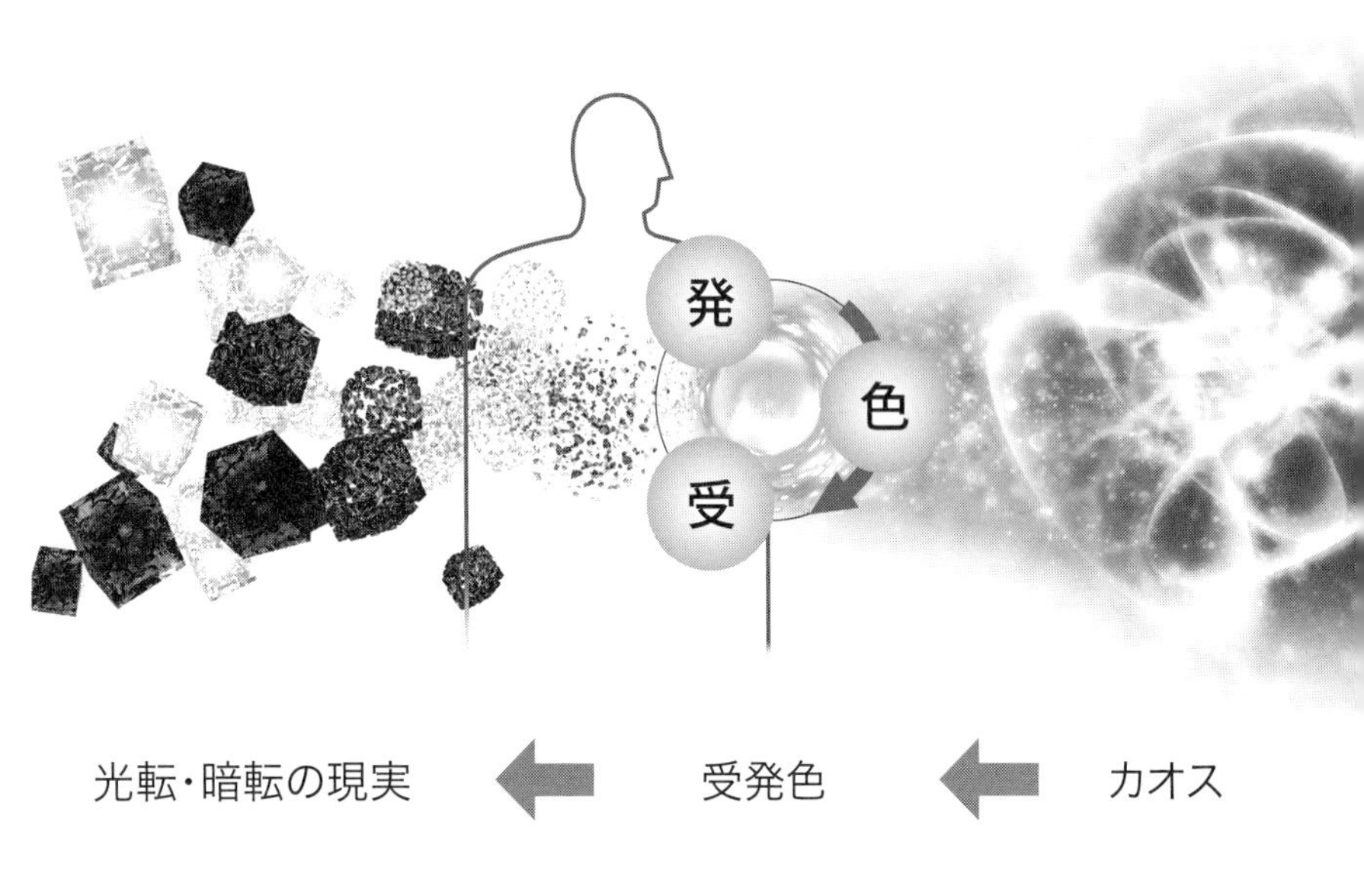

図5

快苦の振動(しんどう)

しかし、また一方で、**昨日のような今日、今日のような明日——。慣性力(かんせいりょく)のままの人生をつくり出してしまう元凶(げんきょう)もまた、実はこの人生創造のユニットなのです。**

それは、この人生創造のユニットによって、「快感原則」に支配され、「快苦の振動」を始めてしまうからです。「快感原則」こそ、問題の発端(ほったん)であり、核心(かくしん)にあるものです。

この世界に生まれた人間は、「快」を求め、「苦」を遠ざけるという「快感原則」に従うことによって生命の維持(いじ)を約束されます。快感原則は、この地上で生きるすべての生物になくてはならない大原則です。

先天性無痛症(せんてんせいむつうしょう)という病をご存じでしょうか。感覚的な痛みを感じることができず、「快感原則」が正しくはたらきません。そのため、ものに身体をぶつけてけがをしても、痛みがないために、自分の身体と生命を守ること自体が難(むずか)しくなるのです。

それほどなくてはならない原則なのに、それが困難な運命を生み出してしまうとは、どういうことなのでしょうか?

重要なことは、私たちの「心」は、この快感原則を基につくられてきたということです。

人間は、外からやってくるあらゆる刺激を「快」のグループと「苦」のグループに分け、「快」を求め、「苦」を退けようとします。

「快」は、「マル」。生きやすいこと、心地よいこと、楽しいこと、うれしいこと、得をすること、優れていること、「YES」であり、価値のあること、認められることです。

「苦」は「バツ」。生きにくいこと、苦しいこと、つらいこと、悲しいこと、嫌なこと、損をすること、劣っていること、「NO」であり、価値のないこと、認められないことです。

単に「快」を求め、「苦」を遠ざけるだけではありません。そのことに一喜一憂を繰り返すのです（図6）。

「快」の刺激＝「マル」が来れば舞い上がり、「苦」の刺激＝「バツ」が来れば落ち込む。「マル」か「バツ」かによって、気分は上がったり下がったり、アップダウンを繰り返します。しかも、「上がったり」「下がったり」という言葉ではとても表せな

マルかバツかで一喜一憂

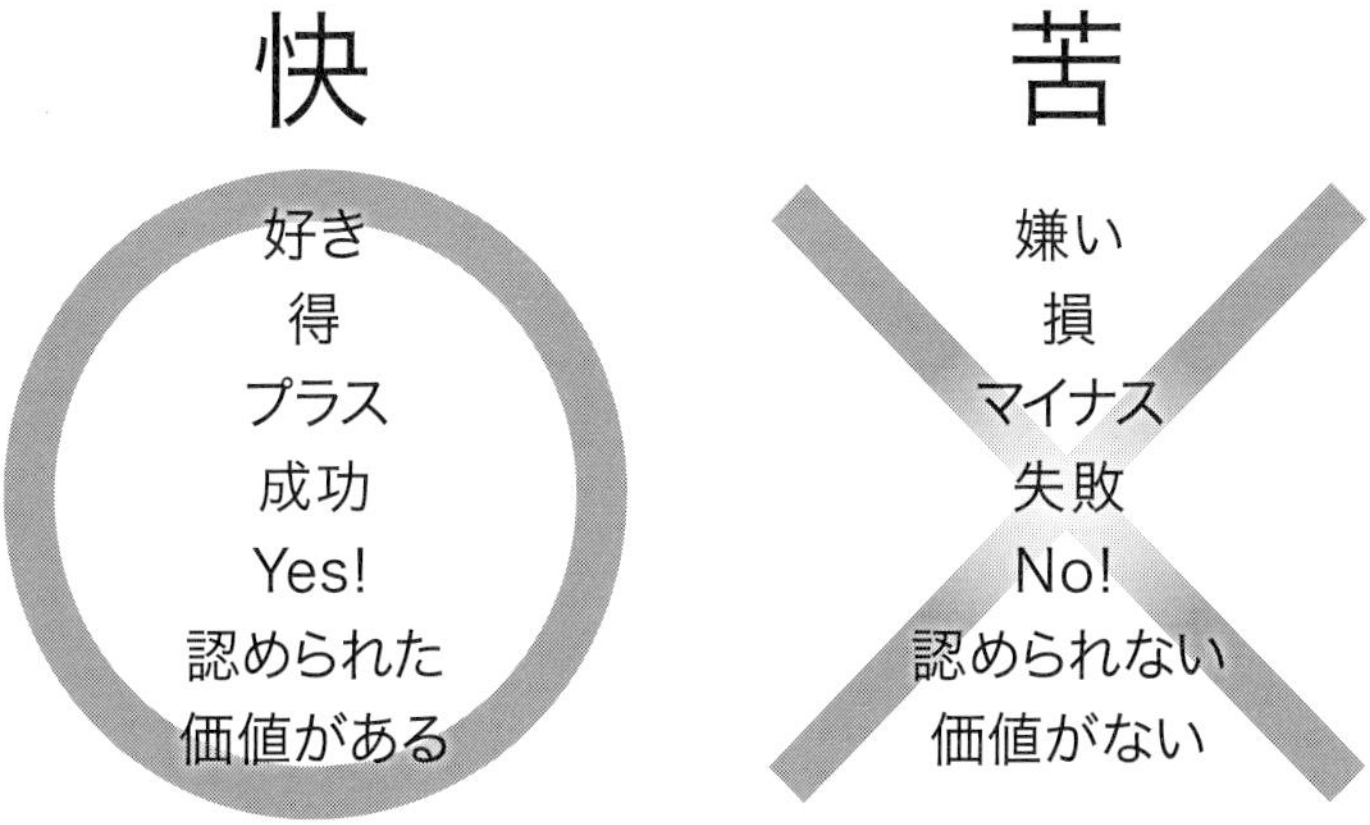

快	苦
好き	嫌い
得	損
プラス	マイナス
成功	失敗
Yes!	No!
認められた	認められない
価値がある	価値がない

「マル」か「バツ」かのレッテルを貼って、
人は快苦の振動を繰り返してしまう

図6

いほど、大きなエネルギーのロスが生じているのです。

舞い上がれば、危険なことや注意しなければならないことも見えなくなってしまうくらい浮き足立ち、落ち込めば、まだ可能性を引き出す方法があるかもしれないのに、何も見えなくなり、周囲を巻き込んで重い気分になってしまう。

私たちはこの快感原則に従って、眼の前のカオスに次々と形をつけています。

まさに、「カオス→受発色→光転・暗転の現実」という人生創造のユニットが、「快苦の振動」を起こしてしまうのです。

快苦の振動を超える——カオス発想術

本来、日々の出会いや出来事は、単純に「マル」か「バツ」かで受けとめられるものではありません。にもかかわらず、私たちは、知らず知らず快苦の振動を起こしています。

考えてみてください。快苦の振動は、外からの刺激に、自動的に反応しているだけです。必然的に私たちは人生の舵取りを放棄し、世界の乱雑さの中に身を委ねてしまうのです。

その結果が、**昨日のような今日、今日のような明日——。私たちの人生は、巨大な慣性力の中で、身動きが取れなくなってしまいます。**

日々を振り返れば、あなたも「快苦の振動」に思い当たることがありませんか？

気分が目まぐるしくアップダウンし、それに応じて、多大なエネルギーを消耗してしまう。「快苦の振動」以外、何もしていないということもあり得るでしょう。

「快苦の振動」が始まると、その振動のエネルギーに振り回され、本当に集中すべきことに集中できなくなります。応えなければならないテーマを見失い、守らなければならないことを手放してしまうのです。

仕事が順調でよい結果が出ると、何でもうまくいくように思えて、気が大きくなり、多少の問題は目に入らなくなってしまう。これが「快の振動」。

逆に、失敗が続き、「苦の振動」に入ると、気が滅入って心配が募り、何をやってもうまくいかないように思えてしまいます。

私たちは日々、どれほど「快苦の振動」を繰り返しているでしょうか。

しかし、事態を「カオス」と受けとめるとき、それとはまったく異なる反応が生まれます。快苦の振動が動き出す前に、そこにある可能性と制約を想うことが可能になるからです。

大切なことは、目の前の事態をカオスと捉える「カオス発想術」は、快苦の振動を超える生き方を導いてくれることです。

私たちがすべきことは、反射的に「マル」か「バツ」かで対応するのではなく、まず、事態をカオスとして受けとめること――。そして、その中の暗転の因子をとどめ、光転の因子を引き出すことなのです。

暗転の因子とは、順調だった事態の調子を狂わせ、問題を引き起こし、質を低下させ、関わる人たちのやる気をなくさせるきっかけ・要素です。

一方、光転の因子とは、不調だったものごとを回復させ、発展や進歩の土台となり、新しい変化や関わる人たちの輝きを引き出すきっかけ・要素です。

もし、このカオスのまなざし――カオス発想術で日々を生きるなら、私たちは、快苦の振動を超えて、新しい人生を創造することができるのです。

逆転後の現在

では、先に紹介した中島広宣さんの人生に戻りましょう。

高校2年で退学処分を受け、親戚の伝手でどうにか就職できたものの、「不良」という烙印を払拭できないまま、いつまで経っても仕事らしい仕事を任せてもらえず、若くして人生の行く手が閉ざされてしまったかに見えた中島さん――。

その中島さんは現在、岐阜県に本社のある錆止め塗装、床仕上げの会社の社長をされています。

入社32年、社長に就任して9年――。会社は、苦しかった時期を乗り越え、堅実な歩みを続けています。

今、会社を牽引しているのは、約12年前に導入したスーパーフロアシステム工法というポリッシュコンクリート（鏡面仕上げのコンクリート）をつくる特殊な技術です。コンクリート床面を削り、磨いてゆくと、そこに含まれる砂利の紋様が現れ、石張りにも負けない美しい仕上げになります。しかも、塗装仕上げなどに比べ、経年変化にも強く、近年大いに注目されているのです。

いち早くこの工法を知った中島さんは、ライセンスを取得し、自社でその技術を磨いてきました。その結果、中島さんの会社は、スーパーフロアについては、わが国でもっとも信頼される会社の1つとなっています。

もし、中島さんが、人生の始まりにあった不穏な空気を抱えたまま、昨日のような今日、今日のような明日——そういう人生を送っていたらどうだったでしょう。現在の中島さんは、この世界に存在していなかったに違いありません。

しかし、今、中島さんは確かに実在しています。

中島さんもまた、自らの運命に立ち向かい、それを逆転させた「魂の学」の実践者のお1人なのです。

では、**中島さんは、なぜ「運命の逆転」を果たすことができたのでしょうか。**

その秘密が、先ほど触れた人生創造のユニット、「カオス→受発色→光転・暗転の現実」の中にあるのです。

現在の挑戦

現在、スーパーフロアシステム工法等の技術によって、社会的な信頼と評価を得ている中島さんの会社ですが、初めからそうだったわけではありません。そこには、中島さんの挑戦の歩みがあったのです。その1つをご紹介しましょう。

中島さんたちのスーパーフロアを業界に知らしめることになった大きな仕事がありました。それは、2013年に竣工した大阪駅北ヤードの再開発、グランフロント大阪のスーパーフロアでした。

もともとこの再開発事業は、大阪駅の北ヤードと呼ばれた地区全体の再開発の一部で、ある意味で、大阪の建設業界の威信をかけた事業でした。

中でもグランフロント大阪の「ナレッジプラザ」と名づけられた4000平米のポリッシュコンクリートは、中島さんも挑戦したことのない大規模なもので、今回の施工における1つの目玉と言える工事でした。

そうした事情から、建設主体である大阪に本社を置く大手ゼネコンの担当者は、大阪以外の業者の参入には消極的だったと言われています。

そんな大阪の工事に名古屋圏の業者が参入するのは、はなから無理――。実際、ほとんどの業者はそう考え、最初から参入しようとはしませんでした。

しかし、中島さんは違っていました。

「何とかこの仕事を受注できないだろうか」――。そう考えたのです。

巨大カオス出現！

大阪駅北ヤードの再開発――。そのとき、中島さんの人生に、巨大なカオスが現れたことを思っていただきたいのです。

もし、**ここで中島さんの人生創造のユニットが、快苦の振動（しんどう）を始めたらどうだったでしょう。**

目の前のカオスは、困難、無理、無謀（むぼう）、危険……。それはもはや、苦の刺激以外の何ものでもありません。

それは、マル、バツで言えば、バツバツのバツ。そんなカオスとは組み合おうとしなかったに違いありません。

しかし、中島さんの受発色は、「目の前にある事態はカオス――」と受けとめ、そこに見え隠れする可能性の因子をしっかりと見据えていたのです。

グランフロントの仕事の受注は、社運をかけた挑戦となりました。

では、中島さんは、**どのような心・受発色をもって、カオスと向かい合ったのでしょうか――。** まず、「できることは何でもしよう」と心を定めました。

たとえば、実際にスーパーフロアで施工したらどのようになるのか、その見本をつくりました。通常の小さなサンプルではありません。何と倉庫の床に4m×10mにわたってスーパーフロアを施し、実際のグランフロントの現場に合わせて、白、黒、グレーの3つのサンプルを施工して、関係者に見てもらったのです。

ここまでやるか――。これには、担当者の方も驚いたそうです。

中島さんたちが示した特別の熱意は、施工の委託先を決める関係者の心を確実に動かしたことでしょう。

また、中島さんの会社の実績も評価されました。

実績とは、その会社が、過去、1つ1つのカオスにどう形をつけてきたか、カオス

結晶化の履歴書にほかなりません。

社員の仕事の仕方、様々な案件に対する対応、そして、最終的な完成物――。中島さんの会社のこれまでの誠実な仕事への取り組みは、すでに多方面からの信頼を勝ち得、評判になっていました。かつてスーパーフロアシステムを採用した各社の高い評価とその実績が認められて、建設会社に紹介されました。

このような背景があって、今回の施工に関しては、中島さんの会社の受注が決定されたのです。

絶体絶命の試練――地獄の1丁目北ヤード

中島さんの会社がグランフロントの仕事を受注した――。最初のカオスは、その形に結晶化したということです。

ところが、意欲に燃えてこの仕事に向かおうとした矢先、思わぬ試練がやってきました。

いわば、**その歩みは、「一難去ってまた一難」ならぬ、「1つのカオスが去ってまた次のカオス」だったのです。**

受注からしばらくしたある日、急きょ、工事の全体責任者から召集がかかり、床工事に関わる建設会社の責任者や工事会社が集まりました。

全体のスケジュールの確認が進む中、中島さんの会社が関わる部分に話が及ぶと、担当者がこう言って工程表を示したのです。

「全体のスケジュールの関係で、スーパーフロアはこれでお願いしたい」

そこには、スーパーフロアの全工程が2週間となっていました。

2カ月の工期を想定していた中島さんは、わが目を疑いました。

（えっ！　2週間？）

そのとき、間髪入れず、建設会社の責任者が、こんな冗談を言ったのです。

「社長、2週間でできたら、儲かりまんな！」

周囲からどっと笑いが出て、場が和みました。

中島さんは、苦笑いでごまかすのが精いっぱいでした。しかし、内心はそれどころではありませんでした。

（2カ月と思っていたのに。その4分の1で仕上げるなんて、とても無理だ。考えられない。できっこない――）

断ることもできず、引き受けたものの、顔面蒼白、茫然自失――。

万事休す。もはやここまでか。一時は、気持ちが落ち込みました。

「カオス→受発色→光転・暗転の現実」の人生創造のユニットが、苦の側に大きく振れることを、どうすることもできなかったのです。

さらに、その振動の振れ幅は、どんどん大きくなってゆきます。

この仕事は、社運をかけて受注した仕事でした。それだけに「もし、失敗したら、自分たちを推してくれた建設会社や設計会社に対しても信用丸つぶれだ。そして、あそこはダメだという評判が全国に広まってしまう」。そんな想いが次から次によぎりました。

もはや、中島さんにとって、大阪駅北ヤードは抜け道なしの行き止まり、「地獄の1丁目」北ヤードと化してしまったのです。

12の菩提心

しかし、ここでも中島さんは、「快苦の振動をとどめ、目の前の事態はカオス」。そう受けとめようとします。

そのためには、内なる受発色に、快苦の振動をとどめさせるためのパワーが注入される必要がありました。中島さんは、菩提心という心を打ち立てることによって、そのパワーを充電しようとしたのです。

菩提心とは、もともと仏教の言葉で、菩提＝悟りを求める心ですが、「魂の学」における「菩提心」は、より広い意味で、「本当の自らを求め、他を愛し、世界の調和に貢献する心」と解しています（詳しくは拙著『12の菩提心』を参照）。

「菩提心」は、心の土台をつくるもので、言うならば、私たちに正しい動機、本来あるべき意志をもたらす「大いなる願い」です。

古来、私たち日本人が、自然の姿に人間が生きるべき道を見出してきたように、「魂の学」の菩提心にも、陰徳の境地を示す「月の心」、今にすべてを集中する「火の心」、こだわりのない自由な境地の「空の心」、枯れることのない智慧が湧き出る「泉の心」——など、自然の叡智を象徴する12の心があります（「月の心」「火の心」「空の心」「山の心」「稲穂の心」「泉の心」「川の心」「大地の心」「観音の心」「風の心」「海の心」「太陽の心」）。

12の菩提心は、まさに自然が示す心をわが心として、「このように生きたい」と願うものなのです。

重力圏を脱するエンジン

中島さんがこの試練のまっただ中にいた頃、GLAの「新年の集い」がありました。この集いでは、新たな年を生きる指針として、12の菩提心のいずれかが記されたカードが参加者全員に1枚ずつ手渡されます。

カードには、それぞれの菩提心を念じる言葉——ただの言葉ではなく言魂が記されています。この言魂に想いを集中させるとき、私たちは心のエネルギーに方向性を与え、焦点をもたらし、エネルギーを現象化・結晶化する力を得るのです。

その場でどの菩提心のカードが手渡されるかはわかりませんが、多くの方が、受け取ったカードに記された菩提心に必然を感じ、新たな年を生きる意味と指針を見出してゆきます。

「新年の集い」に参加した中島さんは、地獄の北ヤードのことで頭がいっぱいで、気もそぞろという感じでした。

この集いは、日頃から一緒に研鑽を積んでいる多くの仲間が集う場所でもあります。友人との絆を人一倍大切にしてきた中島さんにとって、そんな場に集うことは、何にも代えがたい喜びでした。

しかし、このときばかりは違いました。

濡れぞうきんのように、ボロボロになってしまった自分。誰とも会いたくないし、合わせる顔もない。そこまで気持ちは落ち込んでいたのです。

そんな気持ちでカードを受け取った中島さん――。

ところが、そこに刻まれた菩提心を見るや否や、心に電流が走ったのです。

「山の心」――。そこにはこう記されています。

「山のごとき安らぎの心を育みます。いかなる苦難や試練にも揺らぐことがありま

せんように」

何と言うことか！　力をなくし、友だちとの友情にまで背を向けてしまった自分の心を見透かされた想いがしました。

自分は、もはやこの事態をあきらめてしまっていた。

にもかかわらず、こんな自分を見捨てることなく、自分を促す世界がある。

そのとき、中島さんの心の中で、何かがはじけました。

苦の振動に囚われ、沈み込んでいた中島さんは、「正気」に戻ったのです。

「まさに来るべきカードが来た。これこそ、今の自分に必要な心——」

そう思いました。

中島さんは、何万年もじっと静かに風雪に堪え、時の流れを受けとめて不動の佇まいを保つ山の姿を何度も心に思い描き、自分自身をそこに重ね合わせました。カードに記された言葉を何度も声に出して念じました。

何としても「山の心」の不動心で生きたい！

そして、心を整え、今、自分が向き合うべき工事のことに集中したのです。

こうして、中島さんの受発色は、苦の振動を超えるために、その重力圏を脱出する

「菩提心」のエンジンを発動させました。

ディフェンダーからチャレンジャーへ

苦の側に大きく振動を始めてしまった人生創造のユニット――。しかし、その振動はリセットされ、そこに新しい力が満ちたのです。

「地獄の1丁目」に見えた北ヤードの風景は一変し、再び可能性も制約も含んだカオスの姿を取り戻しました。

中島さんは、大きな口を開けて自分たちを呑み込もうとしている魔物にしか見えなかった事態を、カオスとしてもう一度、見つめ直しました。

「なんだ、まだゲームセットじゃない」

「それは、未だカオスのままじゃないか」

そう想うと、心はどんどん元気になってゆきます。

目の前にある困難な現実は、何も変わっていません。しかし、中島さんの心は、不思議なほど軽やかでした。

「地獄の1丁目まで行っても、2丁目の前で引き返すことだってできる。北ヤードだって、まさか自分の命まで持ってゆくことはないだろう！」

中島さんの心は、驚くほどあっけらかんとしていたのです。

さらに、ここまで追い込まれたのなら、いっそ、これまでできなかったことに思い切って挑戦してみよう！

中島さんの心は、ディフェンダーからチャレンジャーに変わっていたのです。

中島さんの挑戦。それは、ずっと意識しつつ手つかずになっていた、会社が抱える1つの課題に向き合うことでした。

スーパーフロアシステム工法の評判によって仕事が増えたため、社員だけではとても要請に応えることができない状況になっていました。そこで中島さんは、協力業者から人を派遣してもらっていたのです。それは有難いことでした。

しかし、会社が違えば、仕事に対する考え方や進め方も違います。それが気持ちにも影響します。仕事の精度にとことんこだわるやり方に対して、「むずかしい」「どうしてそこまでやらなくちゃならないんだ」といった愚痴や不満も出やすくなります。

中島さんは、累々と築いてきた会社の風土が劣化してゆくことに危機感を覚えながら、それでも、そうした状況を時間をかけて調整しながら、協同して一定の水準を生み出すことにも意義があると考えてきました。

しかし、今回の仕事は、そのための時間がないうえに、最高の水準が求められます。中島さんは考え抜いた結果、断腸の想いで、一部を除いて、一旦、協力業者の方々には、この案件から外れてもらうことにしました。そして、リスクを承知で、そこに新人の社員を投入するという決断をしたのです。

「まだ熟練しているとは言えない。でも、困難が大きければ大きいほど、新人教育の実地訓練として最適の教材のはず。その機会にしよう」

陣頭指揮でカオスへの触れ方を教える

中島さんは、その不足を補うように、自ら現場で陣頭指揮を取り、寝食を共にしながら作業を進めてゆきました。「こうやってカオスに触れるんだ」。手を取りながら、その道を教えていったのです。

社運をかけた仕事に加わった彼らも、中島さんの気持ちに応えました。愚痴や不満は一切なく、最後は、ほとんど睡眠も取れないのに、皆、疲れた表情もなく、明るいのです。

あるとき、徹夜で作業が行われている現場に行くと、社員たちが、びっくりするほど、いきいきはつらつと作業をしていました。

「こんな社員を持つ自分は、何と幸せな社長か――」

この仕事を傍らでずっと見ていた設計会社は、中島さんの会社に対する信頼を厚くしたと言います。

「ゼネコンは、立場上、納期を延期することはできないだろう。しかし、本当に納期が厳しければ、自分たちが間に入って説得するから、あなた方はこれまで通りの仕事をしてほしい」

そこまで言ってくれたのです。

その結果――。

施工は期限内に完了し、素晴らしいホールが完成しました。

グランフロント大阪・北館のナレッジプラザに立つ中島さん。ここから「創造のみち」を歩いてゆくと、JR 大阪駅までつながっている。高さ 35 メートル、7 層吹き抜けの巨大な空間を根底から支えているのが、中島さんの会社がスーパーフロアシステム工法によってつくりあげた床面だ。グランフロント大阪を象徴するこの空間では、様々なイベントや展示も行われている。

そして、この工事の評判が広がり、中島さんの会社のスーパーフロアシステムは、引く手あまたの状態です。

その後、用途も広がり、自動車のショールームをはじめ、工場や研究所の床にもスーパーフロアシステムが使われるようになっています。

他の同業の会社が「ぜひ学びたい」と訪問してくる機会も増えました。

最近では、研磨機(けんま)では世界ナンバーワンというスウェーデンのメーカーが来社。中島さんの会社の技術と品質に高い評価が与えられたのです。

断層(だんそう)を超えさせたもの

冒頭にお伝えした青年期の中島さん――。人生に生じた不穏(ふおん)な空気の中で、自らの生い立ちを呪(のろ)い、その心には、虚無(きょむ)の風が吹きすさんでいました。

しかし、今や中島さんは、業界からも注目される会社の社長として、多くの従業員の先頭に立ち、いかなる困難にも果敢(かかん)に立ち向かう挑戦者であり続けています。

両者の間にあるのは、不連続とも思える決定的な断絶です。とても同じ人間とは思えないような違い。その断層を超えさせたもの——それが運命の逆転ということなのです。

絶望とニヒリズムに覆われていた時代の中島さんは、不良仲間の友人たちと一緒に、「何とかビッグになりたい。それにはバンドだ、ミュージシャンだ」と話が盛り上がったことがありました。とは言っても誰も楽器を弾けず、偶然に飛び込んだ音楽教室の先生が縁で、その後、中島さんは、私と出会うことになりました。

当時の中島さんは、不良時代の面影を残し、現在からは想像もできない荒々しさも抱いていました。

「中島さん。今、現れているのは、自分がつくった結果。それは、作用と反作用の法則。自分が荒れてやってしまったことが、今返ってきていると受けとめてほしい」

「もし、世界を変えたいと思うなら、まず自分を変えなくちゃならない。本当に素晴らしい人生を望むなら、あなた自身が素晴らしい生き方をしなければならない。でも、必ずそう生きられる。あなたにはまったく違う未来がある。自分を信じて、心の声を聴いてください」

中島さんは、私の目をまっすぐ見つめて「わかりました。全力でやってゆきます」と応えました。

私は、過去のことを受けとめ、未来に向かって歩んでほしいと願ったのです。中島さんは、その後も折に触れてこのような出会いを重ねてきた1人です。会社の危機に、中島さんの転機に、未来の青写真を一緒に尋ねてきました。

中島さんは、私が投げかけた言葉を現実のものにしようと歩み始めました。

何よりも、「魂の学」の研鑽の場に、積極的に出かけていったのです。その場の人間関係は、それまで中島さんが経験してきたものとは、まったく異なっていました。

「魂の学」では、人間の本質を「永遠の生命を抱く魂の存在」と受けとめます。生まれ育ち、学歴や職歴、あらゆる過去の現実、現在の社会的な立場は、すべて自らの魂が抱いている願いと目的を果たしてゆくための手がかりに過ぎず、そこに決定的な価値の高低はありません。

その条件を引き受けて、いかに魂を成長させ、進化させてゆくか――。この世界のすべては、人生を歩む条件となります。

講演会で、運命の逆転を果たした中島さんの実践を解き明かしてゆく著者。生い立ちによって背負わざるを得なかった人間に対する不信感ゆえ、人生に投げやりになり、手に負えない不良となって破滅の道を突き進んでいた中島さん。その中島さんが、同じ人間とは思えないほど、人間に対する信頼を取り戻し、業界からも注目される経営者となったのはなぜか。そこには、「魂の学」を学ぶ仲間との深い交流と、長年にわたる著者の励ましと導きがあった。

このことが、単なる理念を超えて、そこにいる人たちの心の隅々にまで息づいているのです。中島さんは、かつて至るところで感じてきた差別を、その場では1度も感じたことがなかったと言っています。

「こんな世界があるんだ！」

中島さんにとって、そこで経験する1つ1つの出来事は、めくるめく喜びでした。様々な活動を通して、人間の心のしくみを学び、ボランティアで汗を流し、それまで感じたことのない友情や心と心の絆を実感していった中島さんは、初めて過去の想いから自由になれました。

かつて家族の中で、心を通わせることができずに孤独になり、自ら断ってしまった人間の絆を、そして世界との絆を、もう一度取り戻すことができたのです。中島さんは深く癒されました。

そして、自分の未来に希望を抱き、願いをもって、歩むことができるようになっていったのです。

出会いの中で

中島さんにとって、もう一つ大きかったことは、「魂の学」を学び始めた頃、その縁で就職した会社（現在の中島さんの会社の前身）の社長の存在でした。

すでに故人となられたその社長は正村昇さん。実は、以前、極道の世界に生きていた方でした。かつて流行った「柳ヶ瀬ブルース」で知られる岐阜の繁華街で「柳ヶ瀬の帝王」と呼ばれていた、その筋の親分でした。柳ヶ瀬通なら知らない人はいない人物だったのです。一時は刑務所に収監され、その人生は、抜け道が見えない暗闇に覆われていました。

その正村さんが、不思議な導きの中で、「魂の学」に出会ったのが三十数年前。その後、自分を深く見つめ直し、その人生をまったく変えてしまったのです。

極道から足を洗って娑婆の生活に戻り、しばらくして会社を設立しました。

その会社はただの会社ではありません。

正村社長は、自分と同じような運命の下で、人生の脇道に逸れてしまった若者たち、あるいは人生の迷い道に入りかけた若い人たちに、きちんとした正業に就いて、まっすぐな人生を歩んでほしい――。そんな願いをもって会社をつくったのです。

ですから、会社の中には、脛に1つも2つも傷を持つ青年が少なくありませんでした。その青年たちに、「魂の学」を学ぶことを勧め、「自分の人生を取り戻してほしい」と願ったのです。過去に痛みを抱えた中島さんもその1人でした。

そこにもあった人生創造のユニット

当時、会社は、主に鉄鋼材の錆止め塗装を扱っていました。

錆止め塗装は、塗装業界でも、もっとも人気がなく、誰もやりたがらない仕事で、片手間にされていました。しかし、その仕事を中心に引き受けることで業績を上げていったのが、正村さんの会社でした。

正村さんは、受注した仕事に真剣に取り組み、さらに作業を効率化する機械まで発明し、新しい工法を確立してゆきました。そして、それ以上に、社員全員が誠実に、その仕事に取り組みました。

その歩みの中で、業界では「錆止めはあの会社」という評判が生まれ、それが今日の会社の隆盛につながっていったのです。

そのように会社を成長させたものもまた、「カオス→受発色→光転・暗転の現実」を生み出す1つ1つの選択でした。

誰もしたくない仕事――。その中にあっては、目の前の事態は、マル・バツで言えばバツ。すぐに苦の振動を始めてしまうことでしょう。

しかし、正村さんたちは、それもまたカオス――。そう捉えたということです。

会社で発明された機械や工法、そして勝ち取った評判――。それらはすべて、多くの仲間たちと共に、カオスの中から取り出したものだったのです。

2001年、重い病を患った正村さんは、多くの仲間に囲まれながら、人生の卒業式を迎えることになりました。このとき、臨終に立ち会った中島さんは、正村さんから後を託された1人でした。

その後、2代目の社長の許で、幹部としての重責を担った後、2007年、中島さんは、3代目社長に就任したのです。

人生の恩人

正村さんは、中島さんの人生の一時期、親の役割を果たしてくれた恩人です。まずは、会社の社長として、中島さんに安定した生活を与えました。そして中島さんをその家族の一員のように、気にかけ、目をかけ、その人生を守ってきたのです。

そればかりではありません。

かつての中島さんは、自分ほど不幸な人間はいないと思っていたことでしょう。こんな不幸な運命を背負ってしまった自分。もう、どうにでもなれ——。人生に投げやりになっていました。

しかし、正村さんの人生に触れたとき、その気持ちは吹き飛んでしまったのです。**なぜなら、正村さんの人生の歩みを聞けば聞くほど、そこにあった運命の重さは、中島さんの想像を絶するものだったからです。その前では、自分が不幸と呼んできたものなど、取るに足りない出来事のように思えてしまったのです。**

その正村さんが、こうやって人生を転換し、新しい人生に歩み出している！

その姿は、中島青年をどれほど勇気づけたことでしょう。

中島さんにとって、正村さんが人生の親であるということの真意は、ここにあります。

「こんな人生だから仕方がなかったのだ——」

3つの「ち」は、ときに、運命に転落してゆく言い訳を与えるものとなります。しかし、中島さんは、1人の人生の先輩と出会う中で、自分の運命に対する恨み（うら）の根拠（こんきょ）を失ってしまったのです。

正村さんが中島さんに与えたものは、まさに、生活の次元にあるものを遙（はる）かに凌駕（りょうが）する、もっと深い人生の次元に刻印（こくいん）されたものです。

「もっとよい人生を生きなければならない」

人は、誰（だれ）もが世界に貢献（こうけん）するために生まれてくる。恨みの根拠に代わる、新しい運命を生きる願いと必然——。そこに中島さんを導く大きなきっかけになったのです。

まさに正村さんは、中島さんの人生の恩人。

中島さんは、その恩人に対する感謝の念を忘れたことはありません。

新しい3つの「ち」

その恩を受けて、中島さんは歩みを深めてゆきました。

その中島さんが果たしたことは、恩人の想いをも超えるものとなりました。

中島さんは、3代目社長に就任したとき、心に期したことがあります。それは、**この会社を、「魂の学」の場のように、本当に自由で差別のない会社にしてゆきたいということでした。そしてそのために、まず自らが「魂の学」の人間と人生に対するまなざしを徹底して身につけ、心と現実のつなぎ方を実践して、会社の仕事を一緒に高めてゆきたい。仕事の原則も「魂の学」に基づいたものにしたいと思ったのです。**そしてそれを、先代の誰よりも、結晶化させることができました。

それは、創立者の正村さんが願いながら、十分には果たすことができなかったことでした。

正村さんの人生は、あまりにも厳しく、人間の負の面を見過ぎていたのかもしれません。人間の弱さ、闇を何となく許容してしまうところがあったのです。

それに、気持ちはあふれるほどあっても、日々の生き方、生活、仕事の仕方の隅々に、かつての慣性力——昨日のような今日、今日のような明日——を超える具体的な生き方や原則、システムを浸透させることはなかなかできませんでした。

正村さんが病を得てからしばらくしたとき、私は、「この出会いが最後になるかもしれない」という予感とともにお会いしました。そして、それまでの正村さんの人生を一緒に振り返りながら、魂の使命というまなざしから、正村さんが何を果たし、何を果たせなかったのか、見つめていったのです。

荒んだ人生の慣性力を脱し、まったく違う人生に転換した運命逆転のあっぱれさ。それは本当に素晴らしく、魂に誉れとして刻まれること。しかし、テーマとなる弱点もあることを、お話しさせていただいたのです。正村さんは人情に厚いけれども、自らの闇にも、他の闇にも流されやすく、そのまま曖昧にしてしまうところがある。それが、正村さんの願いをどれほど阻んできてしまっただろうか——。

そして、最後に、こうお伝えしました。

「正村さん。大変な苦労をしてきましたね。でも、その苦労ゆえに、私たちは出会うことができた。私は、あなたに会えて本当によかった——」

すると、正村さんは、流れる涙をとどめることができず、嗚咽しながら深々と頭を垂れて、こう言われたのです。

「先生、あとはよろしくお願いします」

正村さん亡き後、中島さんは、何よりも「魂の学」の実践を自らの生き方の基本にしたいと願いました。それは愚直なまでの想いです。そう願い、それを1歩1歩実現してゆきました。

もちろん、その歩みは途上にあります。それでも、中島さんは、正村さんの恩義に応え、**「魂の学」から新しい生き方を学んで、自らに新しい3つの「ち」を与えたということです。**

中島さんの心は、その新しい3つの「ち」によって再生されました。

まさに、血が入れ替わるようにして、新しい魂の入れ物を得たのです。

人間万歳！

中島さんの人生の物語——。そこにあるのは、運命の逆転のバトンです。

正村さんの運命の逆転は、より深く、そしてより広く、中島さんの運命の逆転に引き継がれました。そして、中島さんの運命の逆転もまた、まだ見ぬ誰かによって引き継がれてゆくことでしょう。

こういった人生の物語に出会うとき、私は、天に向かって叫ばずにはいられません。

「人間万歳！」

運命は、ときに、如何ともしがたい重力をもって、1人の人生に襲いかかります。もはや、その重荷を持ち上げることなど、到底できないように思えます。

しかし、救いようのない絶望を超えて、奇跡のように、その重荷を持ち上げてしまう人が、必ず出てくるのです。

1人が持ち上げると、それに続くもう1人が現れます。1人が2人に、2人が4人に――。こうして、運命逆転のバトンは引き継がれてゆくのです。

なんと晴れやかなことでしょう！

なんと誇らしいことでしょう！

私は、こういうお1人お1人の人生に寄り添えることの幸せを、片時も忘れたことがありません。


ここまで、３人の人生を紹介してきました。

私たちの運命逆転を巡る旅は、まだまだ続いてゆきます。

次の章では、運命を決する心の秘密にさらに分け入ってゆきたいと思います。

そして、運命逆転の前と後で、まったくの別人のようになってしまった人生を紹介させていただきます。

「心の鏡」の法則

——幻想の運命を超える

「心の鏡」に注目！——最重要課題

未来からやってくるカオスに心（受発色）が触れて、それを結晶化させる選択——「カオス→受発色→光転・暗転の現実」こそ、人生創造の鍵であるばかりでなく、人間が関わるすべての営み、私たちが知り得る歴史上のあらゆる現実を生み出してきたものです。

つまり、未来から絶えずやってくる「カオス」にいかなる形を与えるのか——。

それが、私たちにとって最重要課題であるということです。私たちの仕事も、大切な人との関わりも、人生も「運命」も、すべて「カオス」の問題と言えるのです。

あなたは、今、どんな「カオス」を見ているでしょうか。

その「カオス」をどう捉え、どう触れようとしているでしょうか。

新たな出会いや出来事が訪れ、あなたが取り組む仕事が要請されるとき、あるいは、言葉にならない何かが訪れているとき——。

そのとき、私たちは、今、この本のページを両の目で見ているように、ごく当たり前に、そのカオスを捉えていると思っているのではないでしょうか。

講義において、実際の鏡を使いながら、「心の鏡」について説いてゆく著者。私たちは、事態や出来事をあるがままに見ているわけではない。自らの「心の鏡」に映ったものだけがリアルとなり、それに基づいて人生はつくられる——。その峻厳な法則が、参加者１人ひとりに実感として伝わってゆく。

しかし、実はそうではありません。

時の流れの中で、まだ形にならず、結果も出ていないカオスがやってくるとき、私たちが見ているのは、「心の鏡」に映ったカオスの姿なのです。

私たちがカオスを見ているとき、そこには2つのカオスが存在しているということです。1つは、未来から私たちをめがけてやってくるカオス。そして、もう1つは、私たちの内側、「心の鏡」に映ったカオスです。

誰の中にも、世界を映し出す「心の鏡」があります。私たちはその「心の鏡」に映ったカオスを見て、目の前のカオスを見ていると思い込んでいるのです。

どちらが実体なのか――「心の鏡」が人生の鍵を握る

では、あなたにお尋ねしたいと思います。

「心の鏡」に映ったカオスと、私たちの外側、未来からやってくるカオスのどちらが実体なのでしょうか(図7)。

どちらが実体なのか？

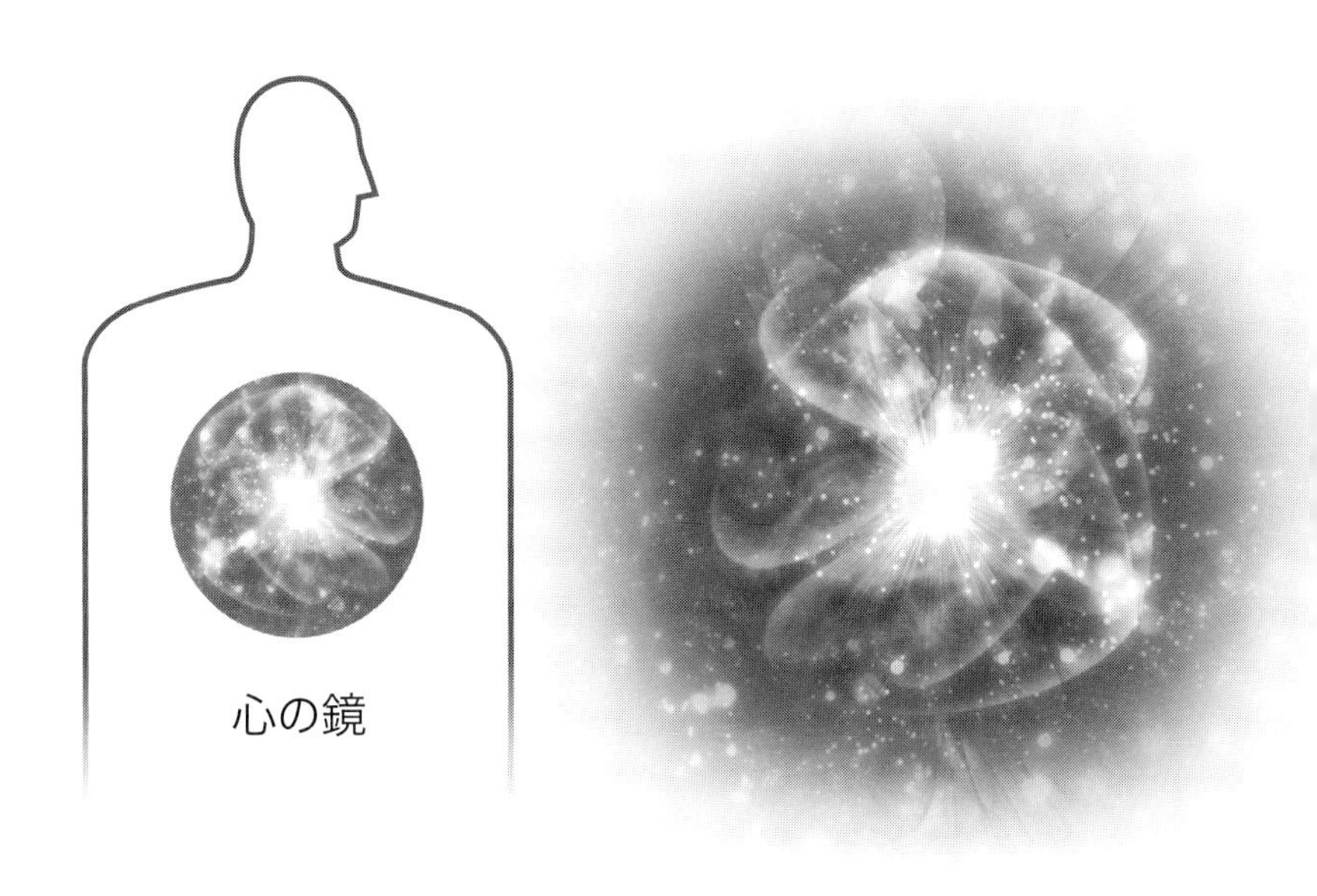

外にあるカオスか？ それとも「心の鏡」に映ったカオスか？

図７

「何を言っているんだ。そんなことはわかりきったこと。実体は、外にあるカオスに決まっている」

誰もがそう思うでしょう。しかし、本当にそうでしょうか。

では、図8をご覧ください。

あなたには、この人物は、「老婆」に見えるでしょうか。

それとも「若い婦人」に見えるでしょうか。

ここで、絵を眺めて、どちらに見えるか、確かめてください。

同じ絵が、人によって、まったく異なって見えます。「老婆」に見える人には、「若い婦人」には見えない。逆に「若い婦人」に見える人には、「老婆」には見えない。

実体は同じ絵なのに、どうしてこういうことが起こるのか――。

それが「心の鏡」の問題なのです。

「老婆」に見えるという人、「若い婦人」に見えるという人は、「心の鏡」に図9のような、それぞれの姿が映っているからです。

重要なことは、私たちの「心の鏡」次第で、現実が変わってしまうということ。

「心の鏡」に「老婆」が映っている人にとっては、目の前の絵は、「老婆」になって

老婆？ それとも若い婦人？

図8

（W.E.Hill に基づく）

しまい、「若い婦人」が映っている人にとっては、「若い婦人」になってしまうのです。

もう一度、先の問いかけを思い出してください。

「心の鏡」に映ったカオスと、目の前にあるカオスのどちらが実体なのか。

私たちは「心の鏡」に映ったカオスを実体と思っているのです。

私たちがカオスに向き合ったとき、「心の鏡」が「実行不能の仕事」を映したら、どんなに可能性があっても、「それは無理な仕事」ということになってしまいます。逆に、どれほど難しい問題を抱えていようと、「心の鏡」が「たやすい仕事」と映したら、その問題はないことになってしまいます。

今日の出会いを、「心の鏡」が「厄介で理不尽な出会い」と映したら、どれだけ可能性があっても、その可能性はないことになってしまう。また、どれほど危険な出会いでも、「心の鏡」が「安全で有意義」と映したら、危険などなくなってしまうのです。

「心の鏡」が歪んでいれば、歪んだカオスしか映し出すことはできません。そして、その歪んだカオスが私たちの実体のカオスになってしまうのです。

あなたに見えている姿

老婆に見える人が見ているのは…

若い婦人に見える人が見ているのは…

図9

つまり、**「心の鏡」が私たちの人生を左右し、「運命」を決定してしまうのです。**

「心の鏡」の重要性は、いくら強調してもしすぎることはないほどです。

あなたの「心の鏡」はどれ？——4種の鏡

それほど重大なのに、実は、私たちは、3つの「ち」をはじめとする人生の条件の中で、知らない間に、歪んだ「心の鏡」を抱えてしまいます。

「魂の学」は、人間の心には、4つの特徴的な傾向があることを教えますが、その心に応じた、歪んだ4種の「心の鏡」があるのです。

誰もが歪んだ鏡を持っています。そして、その中の1つの鏡を、常用の鏡として使っているのです。1つしか使わないということではありません。時と状況に応じ、この4種類すべてを入れ替わり使っている可能性があります。

それでは、まず、基本の「心の鏡」について考えてみましょう。

あなたはどの「心の鏡」を常用しているでしょうか。

①「独りよがりの自信家の鏡」

あなたは、意欲的で積極的、バイタリティにあふれる人ですか？

もし、そうであるなら、あなたが抱えやすい歪んだ「心の鏡」は「独りよがりの自信家の鏡」（以下、「自信家の鏡」と表記）です。

「独りよがりの自信家」とは、常に自分を優位に置いて「私はできる」と思える人です。

この鏡が、カオスを映すとき、可能性を過大（かだい）に映しがちで、制約はなかなか映すことができません。ときには制約を歪曲（わいきょく）し、可能性として映してしまうことすらあります。

その結果、あなたの受発色（じゅはつしき）は「うまくいくに決まっている」「自分がやれば大丈夫」と自信満々に受信し、積極的に「いけいけどんどん」で前に進んで（発信して）ゆくようになります。

ところが、うまくいっていると思っていたのに、いつの間にか、手に負（お）えない歪みが生じて「こんなはずじゃなかった」――。そんな現実を導（みちび）きかねないのです。

②「自己満足の幸福者の鏡」

あなたが、人柄がよく穏やかでおっとりとしていると言われているなら、あなたは「自己満足の幸福者の鏡」（以下、「幸福者の鏡」と表記）を抱いているかもしれません。

「自己満足の幸福者」とは、ものごとを楽観的に受けとめ、万事うまく収まると思ってしまう「予定調和」の感覚を持つ人です。

この鏡は、曖昧な像しか結べません。カオスの可能性も制約もくっきりと映し出すことができないまま、何となくぼんやりと、カオスは大丈夫に見えてしまうのです。その結果、あなたの受発色は、「何とかなる」「まあ大丈夫」と受信し、安心してゆったりと止まってしまうのです（発信）。

平穏には違いないが、いつの間にかマンネリ化し、低水準の停滞をつくり出し、問題先送りを繰り返して、結局はお手上げ状態の現実を招いてしまいます。

③「あきらめに縛られた卑下者の鏡」

あなたが、自分に自信が持てず、不安や恐怖心が強いと感じているなら、あなたの歪んだ心の鏡は、「あきらめに縛られた卑下者の鏡」（以下、「卑下者の鏡」と表記）でしょう。

「あきらめに縛られた卑下者」とは、自分を否定しがちで、ものごとや未来を悲観的に捉え、悪い側面ばかりを見る人です。

その鏡は、カオスの可能性や希望を映すことができません。どこをどう映しても、すぐに障害や問題ばかりを映してしまうのです。

その結果、「むずかしい」「もうダメだ」と受信し、挑戦する前からあきらめてしまいます（発信）。身動きが取れなくなってしまい、どうにもならないニヒリズムの現実を生み出してしまうのです。

④「恨みの強い被害者の鏡」

あなたは、正義感が強い人ですか？　周囲にある様々な理不尽なことによく憤ることはないでしょうか。もし、そうなら、あなたが抱きやすい歪んだ「心の鏡」は、「恨みの強い被害者の鏡」（以下、「被害者の鏡」と表記）です。

「恨みの強い被害者」とは、違和感や問題を見つけると、すぐに自分を正義に置いて、それと闘うことで解決しようとする人です。

この鏡は、カオスの中から、可能性よりも制約――問題点や気になる点をよく映し出します。しかも、それを自らが被る「被害」として映し出すのです。

その結果、あなたの受発色は、「何とかしないとまずい」「誰かが自分を陥れようとしている」と被害者意識で受信し、対抗的になり、イライラしたり破壊的になったりして、「自分がやらないで誰がやる」と行動（発信）するでしょう。その結果、人間関係や事態を壊し、破壊的な現実をつくってしまいます。


ここに掲げた「心の鏡」は、いずれもカオスの中から正しく可能性と制約を映し出すことができません。

自分が、どの「心の鏡」をベースに抱いているのかを知ることは意味があります。カオスを見ている自分がどういう歪みを持ちやすいのか、それを自覚することができるからです。「心の鏡」を知ることによって、自分が引き寄せてしまう未来を予見することもできるのです。それが問題解決への大きな1歩であることは間違いありません。

幻想の運命を逆転する

たとえ著しい歪みを抱えていても、「心の鏡」に映ったものが実体となって人生を左右してしまう。それは、特殊な人や限られた人たちの話ではありません。

1章に登場した園まりさんは、父親との関係ゆえに、またアイドルという条件ゆえに「被害者の鏡」と「卑下者の鏡」を抱き、父親を責め、自信をなくし、不安に駆られた苦しい時代を送りました。2章の中島さんは、母親が違うことを知らされなかったことで「被害者の鏡」を抱き、世間を恨んでつらい時を送りました。2人がそこから脱するために、どれほど多くの日々が費やされたでしょうか。

私たちは皆、歪んだ「心の鏡」を持っていて、それに映った歪んだカオスを実体だと見なしてしまいます。たとえそれが幻のカオスであったとしても、受発色が触れてしまえば、光転か暗転のいずれかの現実を次々に生み出し、固定化させてしまう。それが人生を形づくってしまうのです。

つまり、**誰もが幻を実体にしてしまう「幻想の運命」と呼ぶべき人生の道すじを歩**

んでいるのではないでしょうか。そんなことが本当にあってよいのでしょうか。よいはずはありません。

次に紹介する伊藤信幸さん（不動産会社経営）は、まさに「心の鏡」に映るものによって、人生が大きく変わってしまったお1人です。それまで、よかれと思って貪るように突き進んでいた拡大の人生から、「心の鏡」が映すものが変わったとき、求めるものが変わり、大切なものが変わり、生き方もまったく変わってしまいました。

そして、自分の中に、どうしても果たしたい願いを見出し、人生を生きる必然をつかんだのです。それは、間違いなく運命の逆転を果たした1つの物語です。

コンピュータを積んだブルドーザー

伊藤さんは、学生時代から才気煥発。思い立ったが吉日で、行動力では誰にも負けない人でした。

大学4年のとき、税理士試験の5科目中4科目に合格。受験者4万人中、一度に4科目以上に合格したのはわずか9人でした。

大学卒業後、税理士事務所に勤めますが、ほどなく税理士免許を取得。その後、独立して自分の事務所を開設。営業に力を入れ、顧客もどんどん増えて、300社を超えるときもありました。

しかし、伊藤さんは、税理士事務所だけでは満足せず、いろいろな事業に手を染めてゆきます。寿司チェーンの草分けとも言える小銭寿司を、元芸能人A氏と一緒に創業、大成功を収めました。その後、居酒屋のチェーン店を開き、さらにガラス会社を買収、訪問販売にも進出します。多いときには7つの会社を所有し、飛ぶ鳥を落とす勢いで事業を拡大していったのです。

当時の伊藤さんの仕事の仕方はこうでした。資金的に行き詰まった会社をまるごと買収。そこに資金を投入して組織を組み直し、利益を生む会社は残して、赤字会社は切り捨てる。

確かに、伊藤さんは事業家として優れた資質を備えていたのでしょう。

そして、人一倍体力があり、努力もできる人でした。

ある人は、当時の伊藤さんを表現するのに、かつての宰相、田中角栄氏を評した「コンピュータを積んだブルドーザー」という言葉をそのまま当てはめました。

まさに頭の回転の速さと卓越した行動力で邁進していたのです。

その頃の伊藤さんは、周囲にこう言ってはばかりませんでした。

「儲けないやつは馬鹿だ」

人と話をしていても、「どうやったら儲けることができるか」――そういう気持ちでした。一瞬たりとも利益のことを考えない瞬間はなかったのです。

夜になれば、毎晩のように銀座の街に繰り出し、飲み歩きました。

仲間を連れてクラブに出かけてゆく。そこで自慢話をして1日が終わる。ボトルをキープして常連になっている一流クラブは、10軒や15軒はあったと言います。

伊藤さんは、ひたすら儲けるために、事業にありったけの力を尽くし、猛烈に働き続けました。

伊藤さんをそこまで駆り立てていたものは、いったい何だったのでしょうか。

3つの「ち」――父親が反面教師だった

それを知るには、人生の成り立ち、3つの「ち」を振り返らなければなりません。「魂の学」の基本的なまなざしの1つである3つの「ち」の法則――。伊藤さんは、後年、私と出会い、その視点で人生を振り返ったとき、「まさか自分が、3つの『ち』にこれほど突き動かされていたとは……」と驚かれたお1人です。

伊藤さんの人生の始まりに決定的な影響を与えたのは、父親でした。ある意味で、その人生は、父親を反面教師としてつくられていったのです。

伊藤さんの父親は、苦労に苦労を重ねて、堅実に生きてきた人でした。まじめにこつこつと働いていた会社員から、やがて事業を興し、土地の取引もするようになりましたが、基本的には、経費を節約して利益を出すというやり方でした。

父親がいつも言っていたこと――。

「人間は優秀でなくてはいけない。男は赤門に行かなきゃダメだ」

「人生、金がすべてだ。自分は学校を出ていない。でも、小学校しか出ていなくても、お金があれば、どんな人間でも頭を下げてくる」

そんな父親の生き方に影響を受けた伊藤さんは、大学は医学部をめざしました。

医者になりたいという志があったわけではありません。医者はもっとも優秀。医者になればお金が儲かる。そんな気持ちからでした。

ところが、受験に失敗してしまいます。父親からは、「医学部進学のために、随分お前にお金をかけたが、何にもならなかった」と言われました。

ショックでした。そして反発しました。

「ふざけるな。今に見ていろ。俺は、医者にはなれないが、絶対に負けない。医者がダメなら、税理士になってその上を行ってやる！」

伊藤さんは、そう心に誓いました。

そして、反発もあって、「父親のやり方ではダメだ」と思うようになりました。

父親は、毎日、真面目に働き、経費を節約してお金を貯めようとしている。しかし、それだけ努力しても、毎月残るものはたかがしれている。どんなに節約しても、20稼いで残るのは10か15。そんなやり方ではダメだ。自分だったら、まず借り入れをして50稼ぐ。そうすれば、30使ったって20残る。……

父親のやり方を見ながら、いつも「もっとうまいやり方があるはずだ」と考え、それを実行してきた伊藤さんでした。

繁栄即滅亡の運命──「心の鏡」には利益だけが映っていた

当時、伊藤さんの「心の鏡」に映っていたもの──。それは「利益」。人と出会っても、土地を見ても、「心の鏡」に映るのは「儲け」以外の何ものでもありませんでした。

「この人は、いったいどれだけの利益につながるだろうか」
「この土地はどれほどの儲けをもたらしてくれるか」

それ以外は、何も映らなかったのです。

伊藤さんの「心の鏡」は「自信家の鏡」(165頁)でした。可能性ばかりを拡大して映し、制約を映し出すことができない。しかも、制約や問題があっても、それを歪曲して可能性に見せてしまうことすらある。

その結果、伊藤さんは、自分を過信し、こうと思ったら躊躇なく、強引に突き進んできました。成功をつかみ、富も得ました。

けれども、いつしか伊藤さんの現実は、歪みが増大し、限界点を超え、破綻に向かっていました。言うならば、「繁栄即滅亡の運命」を、知らず知らずのうちに自らつくり出していたのです。

そうです。最初は、順調に進んでいるものの、いつの間にか歪みが大きくなり、事態は暗転し、問題が爆発してしまう、という運命です。

税理士だけでは満足できず、さらに他の事業や不動産にも手を広げ、元手を倍増し、拡大につぐ拡大で利益を増やしていったそのとき――。

伊藤さんは、国税庁から税法上の違法性を指摘され、逮捕されてしまったのです。

裁判の結果は有罪。思いもかけなかった急激な暗転でした。

伊藤さんとしては、「この程度のことはどこでもやっていること。ギリギリ非課税の範囲で対処している、法律的には問題ない」。そう思っていました。

当時、日本は不動産と株のバブルに浮かれ、どの銀行も企業も、そして個人も、「財テクに走らなければ馬鹿だ」と言わんばかりに熱中していた時代でした。

法律すれすれ、事実を言うならば、銀行や証券会社など金融機関の多くが法律に違反していたと指摘する人もいるくらいです。伊藤さんの行ったことだけが抜きん出て問題だったということではないのかもしれません。誰もが狂ったように財テクに走り、拝金主義に覆われていた時代――その3つの「ち」の「知」から流れ込む常識と価値観に、いつの間にか支配され、動かされていた伊藤さんでした。

しかし、一度、有罪の判決が出ると、まるでオセロゲームの駒が一挙に反転するように、これまで様々に手を打ってきたやり方が一斉に封じられ、それに罰則が適用される。それは、どうすることもできない重い足かせになりました。

これまでのやり方にストップがかかったとき、伊藤さんは、他のやり方が思い浮かばず、活力を失いました。この苦難を乗り越えてゆくためのエネルギーをどう取り出せばよいのか、わからなかったのです。

財産のすべてを失い、「自分の人生はこれで終わった……」。

そうとしか思えませんでした。

最初の出会い――宗教を信じる者は力のない人間

伊藤さんが私と出会ったのは、そんな人生のボトムのとき、1991年11月のことでした。

当時の伊藤さんは、宗教など自分にはもっとも縁遠いものと考えていました。

実は、伊藤さんの母親は、いろいろな宗教を転々としていました。引っ越しをして家が変わり、人間関係が変わると、そこで新しい別の宗教に熱心になる。そんな母親に対して、父親は、「宗教を信じる人間は力のない人間」と言っていました。伊藤さんも、まったく同感でした。現実に関係のない心や精神なんて、何の力にもならないと思っていたのです。

そういった背景もあり、友人から私の講演会に誘(さそ)われたものの、あまり乗り気ではありませんでした。

実際、会場でも気持ちが向かず、しばらくすると居眠(いねむ)りが始まる。

目が覚(さ)めると、一緒に行った2人が感動して涙を流しているのを見て驚きました。

「えっ、そんなにすごかったのか? だったら本を全部買ってゆこう」

けれども、本は読みませんでした。ところが、今度は、妻が本を読んでまた涙を流している——。

伊藤さんも、勾留期間に私の本を読んでみました。そして思ったのです。

「もしかして、俺、とんでもない生活をしてきたぞ。これが本当の世界だったら、死ぬときに大変な後悔をするかもしれない」

それから半年近く経った4月の講演会で、私は伊藤さんと初めてお会いしました。伊藤さんは、私の本を読み、講演の映像も見ていましたが、まだ半信半疑だったと言います。

「何を言われても、自分はだまされないぞ」

そんな気持ちだったのです。

心に亀裂が入った——一切を記憶し、一切を知る叡智の次元

講演の後、何組もの方との出会いがあり、私は、人生の転機を迎え、切実な問題を抱えている方々と対話の機会を持たせていただきました。

5組目の伊藤さんとお会いした瞬間、伊藤さんのこれまでの人生の歩みがいくつもの数珠つなぎのイメージとなって、私の心に流れ込んできました。

目の前の伊藤さんに重なるように、若かりし頃の伊藤さんの姿がヴィジョンの断片として次々に映し出されてきます。幼いときのこと、学生時代の様子、事業で突き進んでいたときのこと。そして、そのときの屈辱と圧迫、期待感と高揚感、また怒り、失望と落胆……それらが感覚と一緒になって蘇ってくるのです。

私は、まずお姉様のことをお話ししました。

それを聞いた伊藤さんは、最初、「すごい調査機能があるんだ」と思ったそうです。しかし、話はそこにとどまらず、伊藤さんの人生の根本に関わることに進んでゆきます。

どんな気持ちで学生時代を送り、税理士になり、事業を拡大してきたのか——。

伊藤さんは、「何でそんなことがわかるのだろう?」と思いました。

さらに、最近、母親の血圧のことで健康状態を心配していることにも触れました。

そして、「伊藤さん、ほら、六本木の社長室……」

私は、会社の部屋の設えのことを「ここに何があって、これがあって」とお話ししながら、「あの大きなソファに座って、クラブをこうやって磨きながら、ゴルフのハンディ18になったし、あとはのんびりとやればいいって思っていませんでしたか」

伊藤さんはびっくりしました。

母親の血圧のことも、ゴルフのことも、すべて事実だ――。

でも、これは、誰にも言ったことはない。心の中で思っただけのこと。

自分しか知らないことのはずなのに、どうしてわかるのか!? 衝撃でした。

それまでの伊藤さんは、現実の利益、お金儲けだけを求めて生きてきました。1日たりともそのことを考えない日はない。実利的な生き方、目に見えるものしか信じないという唯物的な生き方に徹してきました。

しかし、このとき、伊藤さんは、目には見えない世界があることを感じてしまったのです。

「本当にあるのかもしれない……」

かすかにではあっても、一切を知り、一切を記憶し、一切を見はるかす宇宙の源(みなもと)の次元、叡智とつながりの次元に触(ふ)れたのです。

心に大きな亀裂が入りました。

自分しか知らないことを、初対面の人から言われた――。

伊藤さんは、その衝撃が自分を「魂の学」に向かわせたと思っています。

しかし、そうではないのかもしれません。

表面意識では「実利(じつり)やお金だけを求めるべき」と思っていた伊藤さんが、このとき、心の奥底で魂が本当に求めていたものに出会った瞬間だったのではないか。

私はそれを伊藤さんに運んだにすぎない――。そう思っているのです。

新しい人生の歩き方――「魂の学」の実践(じっせん)原則

それからというもの、伊藤さんは、「魂の学」を学び、実践し、ますます確かだと思うようになってゆきました。

自分が思い描いてきた宗教や精神論とはまったく違う——。

他の多くの方々と同様、伊藤さんも研鑽の場で仲間と一緒に歩むことによって決定的な体験をすることになります。

伊藤さんが社会の中で従ってきた原則——。それは、たとえば、「力がすべて」「結果がすべて」というものでした。市場原理が浸透する業界や競争の激しい社会では、当然の原則です。


しかし、「魂の学」の場では、唯物的な「力」以上に、「心」と「つながり」を大切にし、「結果」以上にそれを生み出した「原因」と「プロセス」（過程）に目を向けます。なぜなら、その原因とプロセスが変わってこそ、本当の結果が生み出されるからです。


人間関係のつくり方もまったく違います。社会での肩書を横に置いた1個の魂、1人の人間としての友情は、伊藤さんにとって、大きな心の拠りどころとなりました。

その土台となっているのが「響働」という関わり方です。


「響働」とは、ただ一緒に協力して何かをすることではありません。互いの中心で

ある魂が響き合うように関わり、オーケストラのようにはたらき合うことです。皆でゴール（願い・目的）をイメージし、それを語り合い、スクラムのように肩を組み合って（サイド・バイ・サイドで）同じ方向を見つめ、それぞれの違いを強みとして、全員が自己ベストを尽くす――。

そして、研鑽の中でも、大きな発見が何度もありました。

「自信家の鏡」を持つ自らの受発色の傾向を知ったとき、伊藤さんは心から驚き、納得しました。その受発色の回路は、自分の人生の歩みを予見していたと感じたのです。

ああ、何ということか！　まさに私はこうやって生きてきた。あのとき、立ち止まれなかったのも、自分を過信し、現実を歪曲して、可能性ばかりを見てきたからだ。今ならば、その歪みがわかる……。

伊藤さんは、様々なワークを通じて、心＝受発色の転換にも取り組みました。

さらに、魂の中に眠っている菩提心（131頁参照）を育みながら、光転の運命に向かう力を生み出し、人生を上昇させてゆく――。そうした新しい生き方を学び、実践していったのです。

「魂の学」の研鑽の場で、伊藤さんとともに、その人生の変遷をたどってゆく著者。かつて「コンピュータを積んだブルドーザー」と呼ばれ、利益とお金だけを求めてきた伊藤さんは、まさに目に見えるものしか信じないという唯物的な生き方に徹していた。しかし、初めて著者と会ったとき、目には見えない世界、一切がつながる叡智の次元があることを感じてしまった。それは、実は、伊藤さんがずっと心の奥底で求めていたものに出会った瞬間であり、運命の逆転の始まりでもあった。

研鑽と実践が深まるにつれて、伊藤さんには様々な変化が生まれました。

かつての伊藤さんは、テレビのドラマや映画を観ても、本を読んでも、人の話に感動し、涙することなどあり得ませんでした。しかし、学ぶ中で、人に対して共感し、心から感動するようになりました。映画を観ても本を読んでも、涙もろくなりました。

また、以前は、電車の座席に座っていて、お年寄りが乗ってきたときも、席を譲ろうとする気持ちが起こることはありませんでした。むしろ、席を譲っている人を見ると「なんだあいつ、カッコつけやがって」と思うくらいでした。その伊藤さんが、お年寄りが近くに来れば、すぐに自然な気持ちで席を替われるようになり、誰かが席を譲っているのを見れば、感謝の気持ちが湧くようになったのです。

そんなふうに人の話に素直に感動し、人に対して優しい気持ちを持てる自分になったことが、伊藤さんはうれしくて仕方がありません。

人のことを思いやり、共感する――。振り返ってみると、それは、高校生くらいまでの伊藤さんが抱いていた気持ちでした。

しかし、父親の影響という「血」によって成功を求め、時代の「知」に翻弄され、業界の「地」の中で、そこに充満する価値観に染まって馬車馬のように働くようになり、いつしか伊藤さんは心を見失い、忘れてしまった……。それを少しずつ取り戻していったのです。

新たなステージを準備するとき

やがて控訴していた裁判が終結し、刑が確定。伊藤さんは収監されることになりました。

出発する直前、私は、こうお伝えしました。

「伊藤さん、私はずっと伊藤さんのことを見守ってきました。これからが大切な時。きっと、いろいろなことがあると思います。つらいことも、嫌なこともあると思います。でも、他人に振り回されちゃいけない。結局は、あなた自身なんですよ。この期間、『魂の学』の実践者として行ってらっしゃい」

伊藤さんも、心を定めて服役に向かいました。

そして、その直後、奥様の和代さんにもお会いしました。実は、和代さんは、捜査が自宅に及んだとき、ショックで心身が衰弱し、入院せざるを得なくなるということがありました。伊藤さんが留守の間、会社を守り、新たな挑戦に向かう彼女を励ましておきたかったのです。

「和代さん。人生で初めての体験ですね」

彼女にとっても、大きな人生の節目です。

そのことを自覚しているというように、和代さんは大きくうなずきました。

「和代さんは、これからこの場の重心になって、会社を盛り立ててゆくことになります。今まで、やったことないものね。できるかしらと不安かもしれません。でも、気がついていないかもしれないけれど、あなたには、お客様の気持ちを受けとめる力があります。お客様の心配や願いをキャッチできる力を持っています。だから、自分を否定せずに挑戦してみましょう。きっとお世話する力や経営の力が現れてきますよ」

その後も、幾度も和代さんに声をかけながら、私たちは一緒に伊藤さんの帰りを待っていたのです。

内省の時——呼びかけを受けとめる

伊藤さんにとって、刑務所での日々は、決して平坦なものではありませんでした。つらいことも、きついことも、理不尽としか思えないこともありました。

たとえば、服役中は、冬でも薄手の作業着1枚で過ごさなければなりません。伊藤さんの作業所には、大型の工業用の換気扇が設置されていました。それが作業中入れっぱなしになる。真冬には冷たい風が吹き込んで、堪えがたいほどの寒さになります。足はしもやけになって赤く腫れ、このまま続いたら、心臓麻痺で倒れてしまうのではないか。それほどの責め苦に感じられました。

かつての伊藤さんであれば、これは看守たちの嫌がらせだと決めつけて、懲罰を覚悟で抗議していたかもしれません。実際、伊藤さんの心は怒りと言葉にならない悲しみでいっぱいになり、今にも爆発しそうでした。

どうして、こんなことが起こっているのか。誰も助けてくれない。まるで自分たちは試されているみたいだ——。

そのとき、伊藤さんはハッとしたのです。

私が、いつも話をしていた「試練は呼びかけ」という言葉を思い出したからです。

「ああ、そうだ――。これは、人生からの『呼びかけ』、神様からの『呼びかけ』なんだ」

その夜、部屋に戻った伊藤さんは、布団（ふとん）の中で、なぜか涙が出て仕方がありませんでした。どうしてなのでしょう？

それは、**刑務所の中で、伊藤さんが独り世界から切り離されてしまったと感じ、寄るべきものが何もない孤独に陥（おちい）っていた自分を見たからです。そして、その孤独の中で、「呼びかけ」によって、たとえどんな状況でも、常に世界とつながっている自分を再び見出（みいだ）したからです。**

「ああ、いつの間にか孤独になっていた。でも、独りじゃなかった。ここでもつながっていた……」

伊藤さんは、深く癒（いや）されました。

すると、不思議なことに次の日から、作業中の換気扇はピタッと止まってしまい、以降、動くことはなかったのです。

刑務所の生活の中で、つらいこと、嫌なことがあったとき、伊藤さんは、自らの心を見つめるようになりました。

何かが起こったら、まず、自分の心を見つめる。世界につながっていることを忘れずに事態を受けとめる。そうして、かつての自分の生き方に対する後悔を刻み、人生からの「呼びかけ」を心から受けとめる日々を重ねていったのです。

青写真を探す仕事

出所後、奥様の和代さんが懸命に留守を守ってくれた会社を引き継いだ伊藤さんは、以前にも増して「魂の学」を大切にしながら、不動産の仕事を続けてゆきました。

世界的な不況のあおりを受けて会社の業績が悪化し、一時は、倒産の危機にも直面しました。しかし、そのときも伊藤さんは、一貫して「魂の学」に基づく実践によって乗り越えようとしました。

その伊藤さんが、今、不動産業の中で大切にしている第1の原則——。

それは、まず、不動産が本当の輝き（かがや）を取り戻すことです。言葉を換え（か）るなら、不動産が抱い（いだ）ている「青写真」を実現すること。

「青写真」とは、一般には、完成の予想図という意味で使われる言葉ですが、「魂の学」では、1つ1つのものごとには、かつて哲人プラトンがイデアと呼んだ理想的な形、究極の本質のような、実現されることを待っている理想の設計図があると考えます。

あらゆるものに可能性が秘め（ひ）られている。未来の青写真がある。伊藤さんは、その「魂の学」の世界観に基づいて、1つ1つの物件に潜ん（ひそ）でいる可能性を花開かせたいと願っています。

原則（げんそく）としてそう考えているというだけではありません。目の前に新たな土地や建物が現れる。その未来はまだ決まっていない。まさにカオスの状態。伊藤さんは、それをまずカオスとして受けとめ、そして、そのカオスである土地が、未来に輝き、青写真を成就（じょうじゅ）するように関わるのです。

青写真が実現されていない建物を見ると、その建物が泣いているように見える。一方、青写真が成就（じょうじゅ）されていると感じる建物は、まるでそれが微笑ん（ほほえ）でいるように見えるのです。

かつての伊藤さんは、人と出会っても、不動産を前にしても、見ていたのは「利益」。どれだけの利益につながるか、どうすれば利益を引き出せるか——。それしかありませんでした。

しかし、今、伊藤さんが見ているのは、その不動産の「青写真」であり、地主さんの「願い」です。それを見出し、花開かせることこそ、自分の本当の仕事だと感じています。

だからこそ、地権者に対して、自分が感じている青写真を「この場所にこういうものをつくりたい」と、まず自らのヴィジョンとしてお話しし、「ぜひ協力していただきたい」とお願いするのです。


そして、大切にしている第2の原則——。

それは、お客様の話をとことんお聞きすることです。


土地や建物を売る方は、人生の苦難の中でその申し出をしている方が少なくない。だから、その皆さんの苦悩にお応えしたい。伊藤さんの会社の設立に込めた願いは、お客様（地権者）が、その土地の販売を通して、人生を充実させ幸せになること。

「そのために、自分たちははたらきます」。そう宣言しているのです。

だからこそ、徹底して話を聞かせていただく。伊藤さん自身も、土地の購入の話をしているのか、その方の人生の話をお聞きしているのか、わからなくなるほどだと言います。

社員との関わりも大きく変わっています。このような会社の願いと目的に、社員の方々も共感し、大切にしてくれる。志を1つにする仲間になっているのです。

助力者が現れる——調和と発展に導く力の発現

志を1つにする社員と一緒に仕事をするようになると、自分たちの力を超えた助力が得られるようになってきました。

数年前、新橋の再開発に取り組んだときのこと。

その中の1つの区画の販売に関わるキーマンとも言える社長さんがいました。この社長さんは、ある大手の不動産業者と契約寸前のところまで来ていました。

伊藤さんの会社の社員の皆さんは、この社長さんと仕事をしたいが、あの大手が相手では話にならない。この期に及んでは会ってもくれないだろう。そう思ってあきらめていました。

しかし、伊藤さんは、ここでも「魂の学」に基づいて行動しました。

「魂の学」には、私たちが願いや目的を抱くとき、自分の心（想い）を転換することによって、困難な事態を解決してゆく「ウイズダム」というメソッドがあります。**「ウイズダム」は、暗転した現実（目的から乖離した現実）に対して、何よりもめざすべき願いと目的を明らかにすることによって、心のエネルギーの輪郭と焦点を確かにします。そして、自分の内側の「心」を見つめ、その転換を軸として行動し、目的や目標を実現してゆく手法です。**それは、プロローグで触れた「内外エネルギー交流の法則」（心と現実は強く結びついているがゆえ、心が変われば、必ず現実も変わる）が前提になっています。

伊藤さんは、社員があきらめかけているとき、「ウイズダム」に取り組んで、社長さんにアポを取り、会いに行きました。そして、とことん耳を傾けてお話を聞いたのです。

すると、社長さんの中には、「街づくりをしたい」という願いがあることがわかりました。それは自分たちも同じ。その願いを受けとめながら、めざすところ、青写真を語り合いました。そして、何よりも社長さんに、この一件を通して幸せになっていただきたい。輝いていただきたいし、充実した人生を送っていただきたい――。その気持ちを常に確かめながら、出会いを重ねてゆきました。大手の業者は、ビジネスライクに契約の手続きを進めていったのかもしれません。

ある日、社長さんは、「わかった。ならば、伊藤さんの会社にお任せしよう」。そう決断してくれたのです。

社長さんが、まるで自分たちの助力者になってくれたようでした。

この件だけではありません。お客様が常に協力的になってくれるのです。

マスコミでは、かつてバブルの真っただ中にあった頃、地上げ屋による強引な取引が連日のように話題になっていました。しかし、伊藤さんは今、自信をもって、こう断言できると言います。

「あのやり方では、必ず限界が来る。本当にお客様1人ひとりの幸せを願って商売を進めた方が、はるかによい結果が得られる」

伊藤さんの会社が開発した土地に建築されたビルの前で。伊藤さんが何よりも大切にしているのは、その土地が本当の輝きを取り戻すこと。かつての伊藤さんの心の鏡には、土地を見ても「どう利益を得るか」しか映らなかった。しかし、今、心の鏡に映っているのは、「不動産の青写真」と「地主さんの願い」。この土地の開発にあたっても、伊藤さんは、１年数カ月の歳月をかけて、関わる地権者お１人お１人の想いを大切に受けとめ、全員の協力を得ることができた。

つまり、それはこういうことです。

自分たちだけが儲かればよいというような利益は、本当はあり得ない。世界の法則はそうなっていない。真実の利益は、自分たちにもたらされるなら、関わる人たち皆にもたらされるもの。そういう利益を考えてゆかなければ、必ず無理が生じ、破綻する――。

別の再開発では、地元を取り仕切っている会長さんが、大勢の地権者の前で「この会社は、他の会社と違う。本当に我々と一緒に街づくりをやってくれる会社だ」と紹介してくれます。また、周囲の業者からは、「どうして伊藤さんの会社は、こんなに早く交渉を進められるのか、不思議だ」という声が上がっています。

それは、先に触れた「響働」の仕事の仕方が、取り引き先や、地主さんとの間にも沁み出し始めているということです。

今、伊藤さんはこう確信しています。

自分の仕事においては、「魂の学」の力が80パーセント、不動産の技術は20パーセント。「魂の学」を実践しなければ仕事はできない――。

それは、伊藤さんの魂が、人生をかけて現した生き方の結晶の1つです。

何が逆転させたのか――「心の鏡」に映るものが一変した

かつて崩壊と破滅の運命の力に押し流されてしまったのとは対照的に、今、伊藤さんたちが関わる現実には、事態を上昇させる運命の力がはたらいています。関わる人たちの輝きが増し、歓びが生まれ、人生の充実が深まる――。

伊藤さんの人生は、かつてとはまったく異なる光を放っています。求めるものが変わり、守ろうとするものが変わり、歓びとするものが変わってしまいました。

有罪になった事件の直後、それまでの財産のすべてを失って、「もう俺の人生は終わった」。奈落の底でそうつぶやいた伊藤さんの絶望感は、もうどこにもありません。

伊藤さんは、自分が本当にしたいことを見出しています。心の奥深く、魂に息づく願いを発見し、その魂の大地から生きる力を引き出しているのです。

運命の逆転――。まさに伊藤さんは、その劇的な転換を果たしたと言えるでしょう。

では、その逆転の鍵はどこにあったのでしょうか。

それは、**「心の鏡」に映るものが一変したことです。**

かつての伊藤さんは、儲け一辺倒でした。

それは、伊藤さんの「心の鏡」をカオスに向けても「利益」しか映すことができなかったからです。

現在の伊藤さんが求めているのは、利益以上に、「不動産の青写真」であり、「地主さんの願い」。「心の鏡」が「不動産の青写真」や「地主さんの願い」を映しているからです。利益は、それらの探求の「結果」にほかならないのです。

そして、生かされていない建物を見ると、「心の鏡」にはその建物が泣いているように映り、そこにあるべき建物が建っていると、「心の鏡」には建物が微笑んでいるように映っている――。

「心の鏡」――。これは、ある意味で、恐ろしいものです。あるがままの事実よりも、「心の鏡」に映ったものが決定的になってしまう。「心の鏡」が私たちの人生を左右し、「運命」を決定してしまう。

しかし、だからこそ、その**「心の鏡」が決定的に変わることが、運命逆転の鍵となるということなのです。**

「願い」――もう1つの鍵があある

本章では、「心の鏡」がどのように作用するのか、「心の鏡」にはどんな歪みがあるのか、さらに「心の鏡」の変化が何をもたらすのか――伊藤さんの歩みも含めて見てきました。

しかし、ここでもう1つ、特別に注目したいことがあります。それは、運命逆転のもう1つの鍵と言ってもよいものです。

伊藤さんが人生の試行錯誤の中で心を耕し、見出した願い――「不動産の青写真を具現したい」「お客様に幸せになっていただきたい」「『魂の学』を基に生きてゆきたい」――。

それらの「願い」を発見したことは、伊藤さんの人生と運命にとって、どれほど大きな意味があったでしょうか。「心の鏡」がまったく変わってしまったことと同じくらい、伊藤さんの「人生創造のユニット」に決定的な影響を与えました。

たとえば、「願い」を抱くとき、私たちは自然に、快苦の振動を超える歩みに導かれます。「願い」を果たすためなら、苦労も厭わない。つらい努力だって続けられる。よりよい現実を導くためなら、あえて大変な道を選ぶ。

「快」を求め、「苦」を退ける快感原則を超えてしまうのが「志」や「願い」です。それゆえに快苦の振動からも自由になれるのです。

伊藤さんの物語は、「心の鏡」の変貌の物語であると同時に、「願い」の発見の物語です。「心の鏡」が磨かれることと、「願い」を発見することは、別のことではないということです。

濁りや歪みのない「心の鏡」は、間違いなく、カオスの青写真、可能性と制約を映すばかりでなく、私たちの本当の願い、「魂の願い」を映し出すからです。逆に、自らの本当の「願い」を見出すとき、私たちの「心の鏡」は、歪みを離れ、世界を平らかに映すことができるようになるのです。

願いの条件――ただの願望や欲求とは違う

「願い」というとき、私たちは、「もっとキャリアアップしたい」「収入を増やしたい」「家がほしい」といった願望や欲求をまず思い浮かべるかもしれません。多くの人の願いは、そういう個人的な願望から始まります。そしてそれを進化させ、やがてもっと深い願いを抱くようになってゆくのです。

その先にある、私たちの運命転換のための「志」や「願い」は、世界の法則、宇宙の法則に叶うものです。

本当の魂の願いは、自分だけの利益、他を害する願望、誰かを貶める意図、一方的な搾取、そうした自他を切り離してしまう願望や、受け取るものと与えるもののバランスを欠いた欲求とは違うということを覚えておいていただきたいのです。

逆に、前章の中島さんの物語の中に出てきた「菩提心」は、まさに大いなる願いと言えるものです。「菩提心」とは「本当の自らを求め、他を愛し、世界の調和に貢献する心」。たとえば、「社会をよくしてゆこう」「会社を盛り立ててゆこう」「この場を支えてゆこう」等々、自他を切り離さず一緒に受けとめることが1つの特徴です。

「菩提心」は、世界の法則、宇宙の法則から生まれてきた願いです。「魂の学」の「12の菩提心」のいずれかを、私たちの行動の土台に置くとき、私たちの心は、偏狭さや偏り、邪なものから離れ、必ず大いなる法則と響き合うことができます。

もし、長い間、変わることのない志や願いが、すでにあなたの中で明らかになっているとしたら、それは天からの贈り物です。あなたの「魂」に託(たく)された宝物と言うべきものです。

そして、誰(だれ)の中にも、そうした志や願いが隠れていて、そこから生まれる本当の力が宿(やど)っていることを想っていただきたいのです。

「心の鏡」の性能を上げるために——「心のピラミッド」を確立する

私は、これまで講演活動などを通じて、数え切れないほどの人々とお会いしてきました。その中に、「自分の願いが何であるかわからない」という方がどれほど多くいらしたでしょうか。

しかし、もし、あなたもそうであるなら、もう一度、人間の内には、必ず「志(こころざし)」や「願い」が隠れている——そのことを信じていただきたいのです。

そしてまさに、その「願い」を土台としているのが、私たちの、本当の心のはたらきなのです。

図10をご覧ください。これは、私が「心のピラミッド」と呼んでいる心の総合力を表すものです。**心の総合力は、「菩提心」「受発色力」「専門能力」という3段階の構造で示されます。「心の鏡」の性能を上げるには、この「心のピラミッド」を確立することが、何よりも近道となるのです。**

カオスを捉え、結晶化しようとするとき、具体的に問われるのは、一番上に位置する「専門能力」かもしれません。

たとえば、伊藤さんが、新しい土地をカオスと受けとめ、そこに託されている青写真に応えようとしたとき、不動産の専門知識や計画を実現してゆく実務能力がなければ、暗礁に乗り上げてしまったでしょう。

同様に、医療者ならば医療の専門知識が、法律家であれば法律の専門知識が求められます。経営者なら経営能力が、営業マンなら営業力が、デザイナーならデザインのセンスや技術が必要になります。家庭の主婦なら、家事の能力や、家族の世話をする能力が必要でしょう。どのような職業や立場にあっても、向き合うカオスの制約を抑え、可能性を引き出すには、具体的な技術や力が必要です。

心のピラミッド

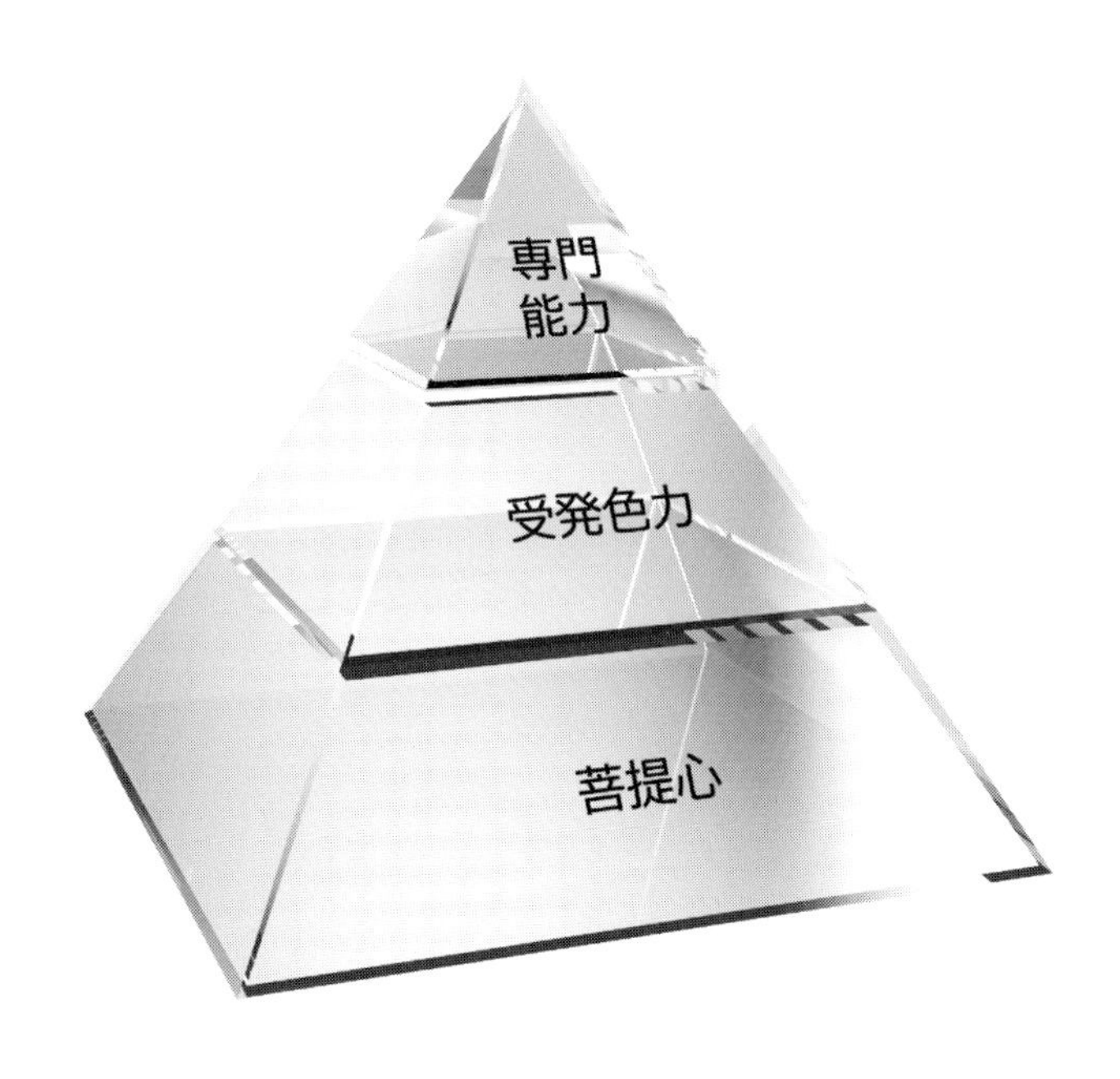

世界の法則にかなう大いなる願い（菩提心）が全体を支えている

図 10

しかし、その「専門能力」を本当の意味で生かすには、中段の「受発色力」が欠かせません。

「受発色力」とは、これまで見てきたように、心の受信と発信の力を表す言葉です。受信と発信によって、カオスの中にある可能性と制約を正しく受けとめ、それに十全に応(こた)えることができる心の力――。「心の鏡」が寄与(きよ)するのは、まさにここです。

ものごとの段取りをつけ、限りある時間の中で、実現に向けて道すじをつけてゆくことも、人と協力したり、交渉したりすることも、受発色力がものを言います。

しかし、**「専門能力」と「受発色力」がどんなに優(すぐ)れていても、その土台にあるべき「菩提心」がなければ、生み出される現実はまったく別物になってしまうのです。**

「菩提心」とは、世界、宇宙との大いなるつながりに目覚めた心であり、そのつながりを受けとめて自他を生かそうとする志・動機――。

もし、このピラミッドの土台に、際限(さいげん)のない「欲望」や利己(りこ)的な「執着心(しゅうちゃくしん)」があったら。また、不遇(ふぐう)な生(お)い立ちの中で味わった惨(みじ)めな想いの「巻き返し」や「恨(うら)みを晴らす」想いがあったら……。

そこから生まれるすべての現実は、大きな歪(ゆが)みを抱(かか)えてしまうでしょう。とんでもなく、おかしなものを生み出すことになるはずです。

たとえ「受発色力」「専門能力」がどんなに素晴らしくても、土台が歪んでいたら、元も子もありません。

本章の伊藤さんが、かつてがむしゃらに利益を求めて突っ走っていた頃、伊藤さんの心のピラミッドは「専門能力」が一番肥大して、「受発色力」はそこそこでも、利益しか映せない「心の鏡」によって歪み、「菩提心」は極小で、逆ピラミッド状態でした。これでは、いびつな現実しか生み出せません。

現在の伊藤さんの心のピラミッドはまったく様変わりしています。

つまり、**豊かな「菩提心」こそ、私たち自身の基本的な方向性、進むべき道を正しく指し示すものであることは間違いありません。その菩提心に支えられた心のピラミッドがあってこそ、本当の意味で世界につながり、応える私たち自身になるのです。**

❹章 進化の法則

――人生は３段階で進化する

すべては偶然なのか

私たちがこの世界に生まれ、それぞれの人生を営んでいること――。

それは、偶然なのでしょうか。

多くの人は、偶然だと考えるかもしれません。たまたま自分は今の時代に、今の両親の許に生まれたのだと――。

でも、本当にそうでしょうか。

私たちは、たまたま、私たち自身になったのでしょうか。

「偶然」の感覚は、私たちと世界を切り離してしまいます。

世界と私たちを強く結びつけるものは何もない。世界は、私たちの意思とは何の関係もなく存在し、動いている。

偶然、たまたまであると考えた途端、私たちは世界とのつながりを失い、物理現象のように、ただそこにあるものになってしまう。

もちろん、偶然と考えることは自由です。しかし、それでは生きるために何の力にもなりません。

ですから、もし、あなたが今までそう考えてきたとしても、ここでは、異なる考え方をしてみていただきたいのです。

あなたでなければ応えられない現実がある

あなたをつくりあげてきたものの総体。それは数え切れないほどの事実の集積であり、それらが緻密に組み合わさった非常に精巧なものと言えるでしょう。

そのうちの少しでも違っていれば、今のあなたにはならなかったはずです。もし、時代が30年違っていたら、生き方は大きく変わり、両親のいずれかが違っていれば、今の自分自身にはならなかったでしょう。

肉体的な条件も、両親や兄弟との関係も、生い立ちに起こった様々な出来事も、プラスもマイナスも、そのすべてがなければ、今のあなたにはなりません。

つまり、これまでの人生の条件のすべて、あなたの許にやってきた出会いと出来事のすべてが、あなたをあなたたらしめているということなのです。

あなたは自分が自分であることに意味を見出すべきです。あなたがあなたであることには、確かな意味があります。それは、あなたがあなたになる必然があるということであり、その必然を示す人生の道があるということです。

そして、さらに私は、そこから皆さんにこう考えていただきたいのです。

宇宙には、あなただけが引き受けることのできる「いのちの流れ」がある、と。

つまり、あなたでなければ、受けとめられない現実があり、あなたでなければ応えられない人生の真実があるのです。

この世界に、あなたとまったく同じ人は1人としていません。あなたとまったく同じ人生を経験している人も誰1人いません。

今現れている現実には——たとえ、どんなことであろうと、すべて意味があるのです。もしあなたが、その深意を受けとめて応えることができるなら、あなたは、もっと意義深い人生を生きることができるはずです。

魂の人生観――誰(だれ)もが必然を抱(いだ)いて生きている

ここで、本書のベースとなっている「魂の学」の人間観・人生観として、次の6項を挙(あ)げておきたいと思います。

1. 人間は魂と心と肉体からなる
2. 魂は人生を何度も経験する
3. 魂は永遠に成長する
4. 人生の出会いと出来事はすべて魂成長の糧(かて)である
5. 人生には目的と使命がある
6. 個の目覚めは全体の目覚めにつながる

「魂の学」の人間観・人生観は、通常、人々が抱いているものとは異(こと)なるかもしれません。しかし、魂の人生観に立つとき、私たちは、新たな人生のまなざしを手にし、それまで引き出せなかった魂の力を生きることができるようになります。

人は、偶然(ぐうぜん)に生まれ、生きて死んでゆく存在ではありません。誰もが自らの人生に願いと使命を抱いて生まれてくる。そしてそれを果(は)たそうと、幾度(いくど)も人生を経験し、

「魂の学」の人間観

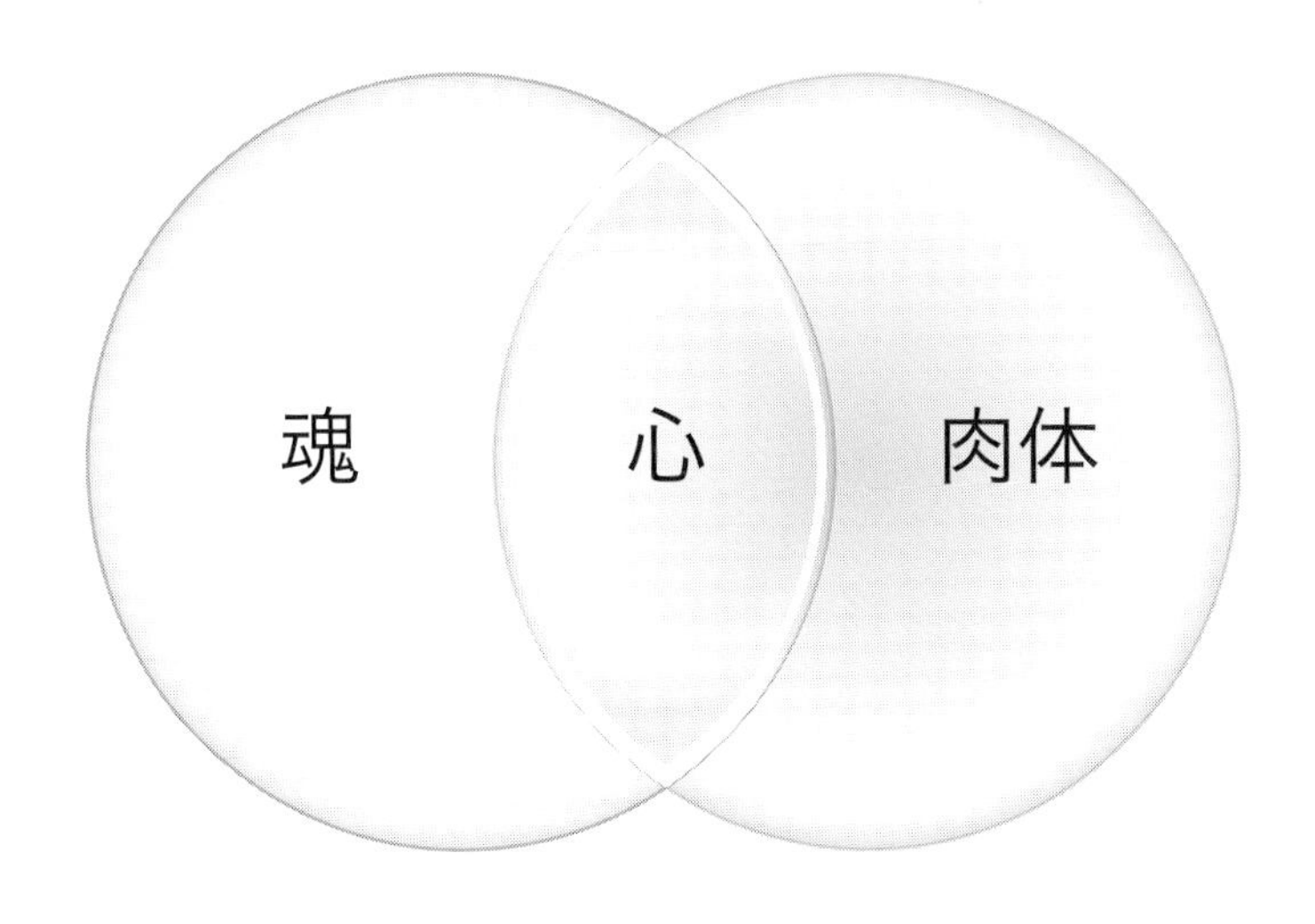

魂と肉体が出会うことで心が生まれてくる

図11

智慧と力を蓄えてきたのです。

人生に訪れる無数の出会いと出来事。それらはすべて、私たちが願いと使命を果たしてゆくための介在、手がかりにほかなりません。人生の中で身につけた常識や価値観が、その出会いや出来事を取るに足らないものと受けとめても、それは、私たちの願いと使命にとっては大切な意味を持っているかもしれないのです。

今年の年初を思い起こしてみてください。

あなたが抱いた1年の抱負は、どのようなものでしたか?

限られた期間に抱く願いでも、それを成就するためには多くのエネルギーが必要です。まして、一生をかけて果たそうとする願いと使命ならば、簡単なものなどありません。

それを、1度だけの人生で果たすことは、どれほど困難なことでしょうか。

願いを抱いても、それがあることにすら気づけず、まるで正反対の生き方で終わってしまう人生もあります。願いに気づいても、それをどう実現したらよいのか、途方に暮れてしまう人生もあるでしょう。願いに向けて歩みを進めても、道半ばで終えなければならない人生もあります。多くの魂は、そのように、後悔を残して人生を卒業しなければならない――。

しかし、魂の人生観において重要なのは、その後悔があるから、再び、それを願いに転じて、私たちは生まれてくるということです。

「魂」は、まさに、その願いと後悔のダイナミズムを推進力として、永遠の旅路を歩むものです。願い・後悔とは、人生を生きる必然。今、あなたの中には人生を生きる必然が脈々と息づいているのです。

魂実感の瞬間――張り巡らされたつながりの次元に触れる

プロローグで触れた「叡智とつながりの次元」――。それは、超感覚的な認識だけによって捉えられるものではありません。

ハッブル宇宙望遠鏡の天体観察により、現在1700億個程度の銀河が存在している証拠が得られています。今後、その数は観測技術の進歩によって、2000億個程度までは増大すると予想され、そのうちのわずか1つ、私たちの地球がある銀河系であっても、そこには1000から4000億個の恒星とそれ以上の惑星があるとされます。宇宙にはまさに無数の星々が存在しています。

しかも、その1つ1つの星が、互いに巨大な力で引き合いながら、精緻な運行のシステムを整然と守り、全体としてバランスを保っているのが、不可思議な宇宙です。

また、私たちが生きる地球の生命の営みも、それに勝るとも劣らない神秘に彩られています。微生物から植物、動物、そして人間まで、無数とも言える生命が活動し、互いに影響を与え合い、緻密で壮大な食物連鎖のつながりをつくり、生命群全体の調和を保っています。草木を食んで草食動物は成長し、その草食動物を捕らえて肉食動物は生きながらえる。やがて、肉食動物が死して土に還ると、それが肥料となって草木が育つ……。大自然に隠れている不思議は枚挙にいとまがありません。

これらすべてを生み出したものは何か。なぜ、こうでなければならなかったのか。その神秘は、科学がどれほど説明しても、到底、汲み尽くせるものではありません。人智を超えた意思とすべてを結ぶつながりの次元を考えずにはいられなくなります。

私たち1人ひとりは、その全体につながる一部にほかならないのです。

東京在住の歯科技工士・松橋英司さんと出会い、お話ししているとき、私は自分自身が、いつもその見えないつながりが張り巡らされた世界の一部であることを感じています。

松橋さんは、幼い頃の病が原因で、聴覚を失い、障がい者として生きてこられた方です。その人生には、言葉にできないようなつらさ、苦しみ、そして不自由な現実が積み重ねられてきました。

しかし、今、松橋さんは、魂の自由を謳歌し、自分が応えるべき人生の使命を見出したお一人として、私の前で輝いていらっしゃいます。

私は、松橋さんと出会うとき、その魂を見つめ、感じながら、話しかけます。すると、松橋さんも、それに応えるように魂の力を全開して話をしてくれます。何の準備もなく、突然、まるでそれまでずっと話していた親友同士のように会話がよどみなく流れ、微笑みがこぼれ、深い頷きが生まれる――。

長年にわたり、手話で補助をされてきた奥様の佳子さんも、そのときばかりはただそれを見守るだけ。最初は、どうしてこんなことが起こるのか、驚きました。

「魂同士がつながっているからよ。だから、気持ちがそのまま、流れ込んでくる。

想いのエネルギーがお互いの間を何の障害もなく往き来できるの」

私がそうお話しすると納得されました。それは、佳子さんにとって、不思議さを噛みしめながら、同時に、本当に私たち自身が魂の存在であることを目の当たりにしているときなのです。

そして、そのことを感じているのは奥様だけではありません。それ以上に強く感じているのは、松橋さん自身です。そのときの自由で開かれた感じ。互いの想いが言葉の理解や読唇ということを超えて、直接流れ込んで行き交っている。

「自分は魂なんだ。孤独ではない。人々とつながり、世界とつながっている。私は全体の一部なんだ……」

いったい幾度、松橋さんは、魂とその絆を実感してきたでしょう。それが人生を生きるうえで、どれほどの励ましと力になるでしょうか。その実感は、松橋さんの中で次第に確かで揺るぎないものになってきているのです。

何年か前のことです。

私は、松橋さんの魂に響いている呼びかけを感じて、こんなふうにお話ししたことがありました。

和歌山で開催された松橋英司さんの講演会に駆けつけ、松橋さんを励ます著者。松橋さんは、著者と話をするときは、手話を必要としない。そこでは、常に同行している松橋さんの奥様が驚くほど、的確で自然なコミュニケーションが成立している。その会話を見ていると、松橋さんが聴覚障がい者とはわからないほどだ。それは、言葉の次元のみならず、その奥に魂の次元のつながりがあることの証にほかならない。

「今、英ちゃんは、仕事でも頑張っているし、本も書くようになった。母校で授業もしている。でも、英ちゃんの人生のことを皆さんはもっと知りたいと思っている。英ちゃんの人生は、もちろん、あなたのものだけど、それだけじゃない。私たちがつながっているように、英ちゃんの歩んできた道は、次の人たちのための大きな導きになる。英ちゃんが人生の中でたどり着いた場所に、皆さんを招くことができると思う。きっと、皆さんに、英ちゃんが歩んできた道をお話しすることができると思うよ。だって、人間は変わることができる。人は毎日、原因と結果を生み出して、人生という一本道をつくってゆく。新しい心と現実をつないでゆけば、新しい現実が生まれるでしょう。そうやって、人生の道をつくってゆくことができると思うの」

それを聞いて、松橋さんは驚きました。

そんなことができるのだろうかと思いました。でも、それは、今、松橋さんにとって、現実のものとなり、大切な人生の仕事になっているのです。

2000年から始まった松橋さんの講演会は、聾学校はもちろんのこと、一般の小学校から中学校、全国各地での講演会など、すでに100回を超えています。

また、歯科技工士の仕事を続けるかたわら、3冊目となる著書『耳の聞こえない私が講演をする理由』を昨年発刊したばかりです。

大きなハンディキャップを背負って人生を歩みながら、その障がいの重力から自由になった魂を抱いて、松橋さんは人生の道を歩んでいます。それは見事な「運命の逆転」であると私は思います。

しかし、もちろん、最初から、松橋さんがそのように生きることができたわけではありません。この現実に至るためには、何度も試練の山谷を越えなければなりませんでした。それでは、松橋さんがこの魂の実感に至るまでの道のりを、お話しすることにしましょう。

音のない人生の始まり

1955(昭和30)年3月2日、北海道の函館市で、警察官としてまっすぐに生きてきた父親の信光さんと、優しい母親の幸子さんの下に、松橋さんは次男として生を受けました。

母親が長男と生後3カ月の松橋さんを連れて、実家のある旭川に帰ったときのこと。松橋さんは、突然、40度を超える高熱を出してしまったのです。

近くの病院で診てもらいましたが、なかなか熱は下がりませんでした。何人目かの医師によって、ようやく結核性髄膜炎であることがわかりましたが、そこでは治療ができず、旭川赤十字病院に入院します。

幸い、当時、結核の特効薬と言われたストレプトマイシンが処方され、何とか一命は取り留め、その後、症状は改善してゆきました。命の危機を脱し、両親は安堵の息をつきました。

しかし、本当の試練は、その後にやってきたのです。

生後7カ月を過ぎた頃、家族が異変に気づきました。

この時期の赤ちゃんは、口まねを始めます。しかし、松橋さんにはその様子がありませんでした。声をかけるとにっこり笑うものの、何の返事もない。

おかしい――。「英ちゃん」と何度呼びかけても、答えることがなかったのです。

「いったい何が起こっているのだろう……」

母親の幸子さんは、心の奥に広がろうとしている怖れを押し隠しながら、松橋さんを病院に連れて行きました。

診断は聴覚の喪失。医師からは「特殊学校に行ってください」と言われたのです。

「この障がいは、どうすることもできない。この子は、それを背負ったまま人生を歩まなければならない」

病の回復に安堵したのも束の間、家族は奈落の底に突き落とされてしまったのです。

バラバラになる家族

それから一家の苦難の道が始まりました。

子を愛する親なら、何よりもその子が丈夫に育つことを願うでしょう。

それなのに、愛する子が障がいを背負って生きなければならないなんて――。

そんな運命に見舞われた多くの親御さんは、暗中模索の中で生きる道を探さなければなりません。松橋さん一家も、突然、何の灯りもない暗い道を手探りで歩むことを余儀なくされたのです。

母親は、できることはすべて尽くしたいと必死でした。聴覚障がいのことを調べる中で、早期教育が決定的に重要であることがわかりました。

当時、通常の聾学校は6歳以降の入学でしたが、東京にある日本聾話学校だけが3歳からの早期教育を実施していました。

「できるなら、その教育を受けさせてあげたい」

しかし、遠く離れた東京。入学するなら、家族はバラバラになってしまう。

それでも母親は、その教育を受けさせたかった。

父親も同じ気持ちでした。

当時、同じ障がいの子を抱える家庭の多くができることは、6歳からの聾学校入学を待つことだけだったのに、松橋さん一家は異なる選択をしました。

やがて一家は、母親と松橋さんが東京暮らし、父親が札幌、長男の信一さんは旭川の祖父母のところに預けられ、家族バラバラの生活が始まったのです。

やむを得ない選択とは言え、母親は、そんな運命を嘆きました。まだ小学生にもならない長男に寂しい想いを強いることも、不憫でなりませんでした。

「どうかこの試練に堪えて、たくましく育っておくれ」

そんな想いを込めて祈るほかなかったのです。

日本聾話学校の日々

わらにもすがる想いで始めた2人の東京暮らし——。

入学と同時に訓練が始まりました。

まだ3歳の松橋さんは、当初は何も話せませんでした。それどころか、言葉の意味もわからず、声を出すことすらできませんでした。

そんな松橋さんが新しい挑戦を続けることができたのは、多くの心ある助力者——日本聾話学校の先生方に恵まれたからです。

言葉の指導を担当された松沢先生の授業は、愛情深いものでした。

生徒を膝に抱きかかえ、自分の口の中に子どもの手を入れて舌の形に触れさせたり、子どもたちの手のひらに向かって息を吹きかけたり……。それはまるで、ヘレン・ケラーとサリヴァン女史の関わりを思い起こさせました。

第2の恩師とも言える松崎先生は、厳しい指導の先生でした。自分のやりたいことだけをやり、好きなものだけを食べるというわがままが残っていた松橋さんに対して、給食を全部食べるように指導し、それまで交わろうとしなかったクラスの仲間と仲よくできるように導いてくれました。

また、松橋さんが遠足のことを尋ねられたとき、きれいな日本語で、どこへ行って何があったと答えたことに対して、「それでは駄目。自分が何を感じ、何を想ったのかを伝えてほしい」と指導しました。何よりも重要な言葉のはたらきは、自分の意思を伝えることだからです。

「英司君は優等生で、他の子どもたちより、聴く力も知力もある。だから次の段階に行ってほしい」

それが松崎先生の気持ちでした。

松橋さんも、自分のわがままを許してくれない先生に対して、ときに「松崎先生なんか大嫌い！」と反発しながらも、後に進路の相談に行くほど信頼していたのです。

小学部に入って出会った岡先生も、読唇による口話教育を大切にされた恩師の1人でした。宿題をたくさん出すことで有名で、遊ぶ間もないほど勉強に追われたと言います。

こうした先生方の熱意と助力によって、松橋さんは、聾唖に関して、当時の最高水準の教育を受けることができました。

母親の献身的な支えと、松橋さん自身の懸命な努力によって、言葉を習得し、使いこなせるようになっていったのです。それは、松橋さんにとって、新たな世界が開かれてゆく道のりだったはずです。

松橋さんの言語習得の歩みは、１９５８年から3年間、８回にわたって放送されたＮＨＫラジオのドキュメンタリー番組『あるろう児とその母の記録』で紹介され、大きな反響を呼びました。

やがて国立教育大の附属聾学校を卒業。歯科技工士の資格を得て、社会の中で生きる基盤を築くことができました。この年代で、松橋さんほど話せる人はごくわずかしかいないそうです。すなわち、**松橋さんは聴覚を失うという運命の重圧を、早期の聾教育と家族の助力、そして自身の努力の積み重ねによって跳ね返すことができたということなのです。**

現れる人生の障壁

もちろん、そこに至る歩みは、平坦なものではありませんでした。

入学後、日が経つにつれて授業はむずかしくなり、母親は、松橋さんの進歩に気をもんでイライラし、その気配とうまくいかない訓練に松橋さんはかんしゃくを起こすこともよくありました。

まだ何もわからない息子が、投げ出したり、そっぽを向いてしまったりすることのないよう、母親は、松橋さんを叱り、たしなめては、訓練に向かわせたのです。幼い松橋さんに、望まぬ言葉の訓練を毎日強いることは、母親にとっても、つらく苦しいことでした。

しかし、その親心がすべて子どもに伝わるわけではありません。それを受けとめかねて、松橋さん母子の心に溝が生じました。そして、気づかぬうちに、母子の距離が広がってゆきました。

そして、そんなすれ違いを大きくしていったもう1つの理由があります。

小学校、中学校と進学してゆく中で、松橋さんが、社会の現実と向き合わなければならなかったことです。

たとえば、幼稚部に通っていた頃の帰り道。「しゃべったらここを通してやる」と言われて、母親と泣いて帰ったこともあります。そして、「つんぼ、つんぼ」とはやし立てられ、いじめられる。幼い松橋さんは、いつも人をにらんでいました。外で嫌な目にあい、悔しくて、それを母親にぶつけることもありました。

母親は、学校内の保護者同士の人間関係にも悩んでいました。松橋さんの毎日の学校のこともうまく進まず、どうしたらいいのか。あまりに疲れて、桜上水の駅のプラットホームから松橋さんを道連れに飛び込んでしまおうか。そう考えたことすらあったのです。

また、こんなこともありました。

松橋さんは、学校に行く途中、電車の窓から外の風景を眺めたり、車内で繰り広げられる人間模様を見たりするのが好きでした。

しかし、やがて自分たちを見る世間のまなざしが目に入ってきます。

友だちと手真似で話していると、自分たちを好奇の目で見る周囲のまなざし――。ジロジロ見られ、ひそひそ話。そこだけ穴が開いたような不思議な空間に、差別や侮蔑を感じざるを得なかったのです。自分たちと社会を隔てている高い壁を初めて感じる経験でした。

「何を見ているんだ！　見世物じゃない」

そう叫びたい衝動に駆られることもありました。

そんな「違い」を意識してしまうと、気づかなかった以前に戻ることはできません。**松橋さんは、自分と社会の間に言葉にならない障壁があることを感じたのです。**

当時は、障がい者に対して、社会はまだオープンではありませんでした。松橋さんは、早くから聾教育を受けましたが、それはごく限られた人たち。障がいをもった子は「恥かきっ子」。子どもを世間に見せまいとする家庭の方が圧倒的に多かったのです。

聞こえるようになれば人生はすべてバラ色

「幼稚部に通っていたとき、その頃は幼い夢でいっぱいだったように思う。マンガの主人公を見れば、あんな人になりたいと思い、パイロットになりたいと思い、その他、将来にたくさんの希望を持っていた」

しかし、小学部に進んだ松橋さんは、「お父さんもお母さんも耳が聞こえる。お兄さんも聞こえる。僕だけが聞こえないんだ」とはっきり気づきます。

他の人と異なるしるしを持った自分を意識せざるを得ない中で、社会や世間に対する反感が次第に強くなってゆきました。見えない敵に対抗する気持ちが芽生え、ときに激しい葛藤を起こしました。そしていつしか、こんなふうに思うようになったのです。

「耳が聞こえないから、自分は不幸なんだ。聞こえさえすれば――。聞こえる人たちに少しでも近づきたい」

松橋さんは語っています。

「あの頃の自分は、学校でも成績がよく、自分は他の人とは違う特別な人間なんだと思い込み始めていました。同時に、『特別な人間』である私の耳は、いつか治るに違いないというとんでもない幻想を抱くようになっていました」

そして、少しでも音が聞こえてくる気がすると、本当に聞こえるようになる兆しではないかと思い、心臓がドキドキして、期待に胸をふくらませていたのです。

何と切ない想いでしょうか。しかし、どんなに待っても、それが現実になることはありませんでした。

そんな一喜一憂に、どれほど多くのエネルギーを費やしたでしょうか。

それでも、当時の松橋さんは、耳が聞こえるようになることをあきらめきれませんでした。**それ以外の幸せは考えられず、聞こえるようになれば人生はすべてバラ色になると信じて疑わなかったのです。**

両親との間に生じたしこり

そうした心の葛藤は、松橋さんの人生に大きな歪みをもたらします。

自分を支えてくれた両親との間が、ぎくしゃくするようになりました。両親の言葉を素直に聞けなくなり、心にしこりを抱えてしまったのです。

松橋さんのことを心配し、ころばぬ先の杖という想いで、何かと助言をしてきた両親。しかし、松橋さんは、次第に、それを煩わしいと感じるようになっていました。自分が望んでいることに両親はことごとく反対する――。そうとしか思えなくなっていました。

母親の愛情と教育に関する熱意は、松橋さんにとってかけがえのないものでしたが、自分が望む前にすべてを与えようとする押しつけに感じるときもあったのです。

警察官であった父親の意見は、家では絶対で、それを信じていた松橋さん。しかし、友人と語り合う中で、自分とまったく異なる考え方に触れて驚愕しました。もっと自由に考えていいんだ――。これまで、父親の言う通りに歩んできた自分の人生は、間違っていたのではないかと感じ、そうさせられたことへの反発も抱いたのです。

両親との心の距離はどんどん遠くなり、「自分が障がいを背負ったのも、この苦しみを味わっているのも、両親が結婚したからだ」と、両親に対して被害者意識を募らせ、ついに憎むまでになってしまったのです。

それは、単に、両親とのあつれきということではなかったのかもしれません。

気がついたときには、障がいを背負っていた人生――。自分ではどうすることもできないその現実は、松橋さんを脅かしました。社会に厳然と存在する差別に対しては、どれほど抵抗しても無力に思えました。

何か糸が切れたように、高校に進学した後は、遅刻の常習犯。無断で車を運転し、高速道路で事故を起こしたこともありました。

そんな中で、松橋さんの心は、保つべき中心を見失い、荒んでいったのです。

人生の問い――運命との対峙

「どうして自分は耳が聞こえないのか」

そんな言葉を、松橋さんは、いったい何度つぶやいたことでしょうか。

それは、松橋さんに突きつけられた「人生の問い」だったからです。

障がいを背負った松橋さんは、周囲の助力に支えられながら、人の何倍も努力して言葉を理解し、話す力を獲得してゆきました。

しかし、「障がい」という事実は変わらず、その苦しみも変わりませんでした。

むしろ、ある意味で、苦しみが募っていたと言っても過言ではありません。
そうした中で、松橋さんは、結婚によって、佳子さんという伴侶を得、やがて「魂の学」に出会うことになります。

佳子さんは、山梨で松橋さんが入っていた手話サークルを支えていたお1人。いつも黙々とグループのお世話をしていました。

たまたまグループのハイキングのとき、バスで隣同士になったことがきっかけで2人の気持ちが通じ合い、結婚を前提にしたおつきあいが始まりました。

そして、松橋さんは、両親に相談することもなく、早々に結婚を決めてしまいました。心のどこかで、恨みさえ抱いていた両親への仕打ちという想いも脳裏をかすめたかもしれません。

父親は、佳子さんのことを何から何まで調べ上げましたが、問題にできることは何1つ見つかりませんでした。

それでも両親は、結婚に対して賛成してくれませんでした。

そのしこりは、結婚後の両親との同居生活に、そのまま現れてゆきます。

松橋家での新婚生活は、最初から冷戦状態。父親は、決して佳子さんに話しかけることがなかったのです。佳子さんは、気苦労から、あっという間に痛々しいほどやせ細ってしまいました。

松橋さんは、結局、両親との別居を決意せざるを得ませんでした。両親との間に生じてしまった溝は、さらに深まり、容易には修復できないものになっていたのです。

もう1度、家族が「家族」になる

そんな松橋さんと両親が再び心を通い合わせるには、大きな痛みをくぐり抜けることが必要でした。それは、人生が松橋さんに、痛みに満ちた試練という形であっても、両親と再び出会うきっかけをもたらしたということでもあります。

10年ほどが経った頃、母親の幸子さんに癌が発見されたのです。

当時、まだ癌の告知は一般的ではなく、松橋さん一家も、本人には病名を伏せることにしました。

抱えていた糖尿病が進行していたため、むずかしい手術になりましたが、何とか成功しました。

しかし、母親は、以来、入退院を繰り返すようになったのです。

この病をきっかけに、もう1度、家族が「家族」になりゆく歩みが始まりました。

父親の信光さんは、「男子厨房に入るべからず」を信条とする日本男児で、洗濯も料理もできない人でした。むしろ、それをよしとしてきました。しかし、妻の病気を機に料理を習い、皆が驚くほどの腕前になったのです。そして、毎日、入院している妻のためにお弁当をつくり、病院に持参し、一緒に食事をするようになりました。以前は、会話の少ない夫婦でしたが、このことを通して、互いの間にあった溝が一気に埋められていったのです。

病状が進むにつれて、主治医から「トイレはベッドの上で」と言われているのに夜中に1人でトイレに行こうとしたり、「これをしてほしい」「あれが食べたい」とわがままとも思えることを言ったりする幸子さんをどう受けとめていいか、家族が戸惑うことがありました。

当時、すでに「魂の学」を学んでいた妻の佳子さんは、幸子さんのことで揺れ動く心の支えを、拙著『祈りのみち』に求めました。

『祈りのみち』に導かれて、相手の心に重心を移し、その気持ちになりきることを続けていったあるとき、佳子さんは、幸子さんの気持ちがわかったのです。

「今日もごはんをおいしく食べられた」「歩いてトイレに行ったけど、大丈夫だった」という言葉は、「私は今日も生きられた。うれしい。ありがたい」――そう言っているように思えたのです。そこには「私は生きている」というかけがえのない実感がありました。

すると、不思議なことに、佳子さんが幸子さんの気持ちをわかったことが、幸子さんにははっきりと伝わっていたのです。それ以来、幸子さんは、佳子さんが病院に来るのを心待ちにするようになりました。

松橋さんも、母親を思いやるようになり、毎週末には、夫婦で病院を訪ねました。

こうして、幸子さんの最期の日々を、家族で一緒に過ごすことができました。

しかし、松橋さんが、本当の意味で、これまでのわだかまりのすべてを溶かすためには、さらなる時間が必要だったのです。

魂の出会い——再生のとき

幸子さんが旅立った後、しばらくして、私は、松橋さんご夫婦と父親の信光さんにお会いする機会がありました。

その場で、ご家族を前にして、亡くなった幸子さんから伝わってくる想いをお伝えしたのです。

部屋に入ると、信光さんの傍らに幸子さんの姿が見えました。

右手を夫の肩に置いて、「この人はわからないからだめ。警察官そのままの堅い人で、人間は死んだら終わりと思っている」と言っています。

でも、自分の想いをどうしても伝えたくて、一縷の望みを託してくれたのです。その切なる想いがエネルギーとなって、私に流れ込んできました。

幸子さんは、私の口を借りて話し始めました。

夫の信光さんとは、互いに好きな人がいながら周囲の反対で結婚できず、お見合いで結婚したこと。それゆえ、どこかしっくりこない気持ちを抱え、ボタンの掛け違いのように溝をつくってきてしまった後悔。でも、本当は、そのいきさつを超える縁深き魂であったこと……。

「お父さん。私たちは、なりゆきで夫婦になったけれど、それだけじゃなかったのよ」

幸子さんは、かつての日々を懐かしむように、夫へのあふれるほどの想いを抱いて話し続けました。

「お父さん、下の十畳の部屋、よく使っている？　入り口の煉瓦のところの電球、汚れているわよ。私がいたときは磨いていたのに。お客様が来るから、きれいにしなきゃね。今年も赤い花が咲いた？」

「新しいコーヒーカップ買ったのに……。私は最後、何もしてあげられなかった。お父さん、ごめんなさい」

その言葉を聞いた信光さんは、涙をポロポロ流して、今まで家族に一度も語ったことのない心情を吐露されたのです。

「毎日、家内のことが忘れられません。私が今日あるのは、家内のおかげです。家内を亡くして初めてわかりました。本当に申しわけない……」

松橋さんと佳子さんは、思いがけない父親の姿に驚きました。

特に、松橋さんは、言葉を失いました。自分が思い描いてきた父親とは、まったく異なる父親の姿を見たからです。

「これが、本当のお父さんよ」

私はそう伝えました。

様々ないきさつが絡み合い、それぞれの人生の条件が影響し合って、互いの姿を見失っていた家族がもう一度、その姿を取り戻す。新たな再生のときでした。

それだけではありません。

松橋さんは、生まれて初めて、魂という次元を実感しました。

私を通して語っていたのは、紛れもなく母親の幸子さんだと感じたのです。

現実主義者の自分も、自分以上に頑固な父親も、その存在は幸子さんとしか思えない。信光さんと幸子さんの2人だけが知っていることが語られていたからです。

松橋さんは、これまで何度か、「魂の学」の話を聞いてきました。しかし、このとき、初めて自らの心で「魂」の扉を開いたのです。

人間は、永遠の生命を抱く魂の存在。自分も、母も父も、誰もが様々な条件を引き受けて人生を生きる——。そのことが、ストンと胸に落ちたのです。

恩恵の自覚――同じ世界がまったく違って見える

母親の遺品を整理していたとき、松橋さんは、東京の学校に通っていた頃、幸子さんが残した歌を見つけました。当時、学校での授業はむずかしく、家に帰っても、松橋さんは厳しい訓練を受けていました。

「今日よりも　あすの幸せ　願いつつ　耳しいの子に　むち打つ我は」

息子のために、心を鬼にして訓練をさせた幸子さんが、その引き裂かれる想いを託した歌です。

松橋さんは衝撃を受けました。自分には見えていなかった母親の姿でした。

心の中で、何かが溶けてゆきました。

人生の大半を自分のために費やしてくれた母親の気持ち。そして、父親のつらさ。幼い頃に祖父母に預けられた兄の寂しさ。そればかりではありません。自分を助けてくれた先生方、数え切れない人々の支えや助けがあって、今の自分がある――。

そのことを心底、痛感したのです。

それは、今までもずっとそこにあった人々の姿、世界の姿でした。しかし、それま

での松橋さんはキャッチすることができませんでした。

松橋さんの世界は、このときを境に大きく変わっていったのです。

「自分にできることは何でもさせていただきたい。聴覚障がいの皆さんのために、先に道を歩んできた者として、できることはないか」

母校の非常勤講師として行ってきた講義も、以前にも増して自分に与えられた大切なミッション（使命）と受けとめるようになったのです。

それればかりではありません。

松橋さんは、先に触れたように、自身がたどってきた人生の道のり、自分の体験をお話しする講演会を始めます。

生まれてすぐに聴覚を失い、その障がいを抱えて生きてきた自分だからこそ、同じ聴覚障がいの皆さんに、また人生で様々な試練に直面する多くの方々に、伝えられることがある――。

松橋さんは、未来に向かって、かつては考えられなかった新しい現実を生み出してゆきました。

「魂の学」の法則で生きる

松橋さんは、それまで以上に、「魂の学」に真剣に向き合い、これまでの生き方を問うようになりました。毎日の生活や仕事に起こる問題や試練にも、「魂の学」に基(もと)づいて取り組んだのです。

たとえば、歯科技工士の職場で経験したこと。職場の責任者が代わり、頭ごなしに命令されたり、一方的に事を進められたりということが続きました。

責任者は、障がいを抱(かか)えている松橋さんのことを快(こころよ)く思っていないようでした。職場で障がい者は松橋さんだけです。通常は、会議に手話(しゅわ)通訳の人が置かれるのに、あえてそうされないなど、小さな嫌(いや)がらせのようなことがしばしば起こっていたのです。

松橋さんは、「もう堪(た)えられない。あの人は責任者にふさわしくない。このままだったら、会社もやめてしまいたい」と思い詰(つ)めるようになりました。

しかし、「魂の学」に則(のっと)って生きることを志(こころざ)した松橋さんは、その想い、受発色(じゅはっしき)をストップさせ、自分の気持ちをもっと見つめてみたのです。

すると、心の奥から、「私の存在価値はないのか――。どうせ自分は耳が聞こえない。障がい者なのだから仕方がない」というあきらめの想いが、ふつふつと湧き上がっていることを発見したのです。

ハッとしました。考えてみると、それは、これまでも同じような現実に直面すると、松橋さんの心の奥でテープレコーダーのように繰り返されていた想いだったのです。「卑下者の鏡」（166頁参照）が、「どうにもならない現実」を映し出し、松橋さんは、あきらめてしまっていたということです。

そのとき、突然、何の前ぶれもなく拙著『祈りのみち』の中の「愛を深める祈り」の一節が蘇ってきました。

「あらゆる存在は どれ一つとして この存在理由をこわされず 大切にされています」

自分でも驚きました。それはまるで啓示のように松橋さんを感電させました。

そして、こう思ったのです。「自分がそう思い込ませていたのかもしれない――」。

松橋さんは、今までとは違った選択に挑戦しました。責任者にきちんと話をしてみる。ときには、「心と心で出会いたい」と自分の願い・目的を明確にして、「ウイズダム」（195頁参照）に取り組み、その方と出会いました。

そうする中で、相手のわだかまりも、松橋さんのわだかまりも溶けてゆき、考えられないような率直な関係に変わっていったのです。2人の関係の変化は、職場全体の雰囲気も明るく変えてしまったほどです。

「耳が聞こえないことが不幸」と思っている心が不幸なのだ

研鑽の場でも、心の奥に根を張っていた「自分は耳が聞こえない」という引け目が松橋さんを苦しめました。一緒に学ぶグループの皆さんが自分に気を遣ってくれることが重くなり、自分が負担になっていると思い込んだのです。

「ああ、耳の聞こえない自分は、やっぱり本当の仲間にはなれない。本当の気持ちなんか話せない。どうせ自分はお荷物なんだ……」

次第に学びの場から足が遠のき、理由をつけて休むようになっていたある日──。

偶然、そのメンバーの1人と出会います。

「あ、松橋さん、どうしているの？ みんな心配しているよ」

その飾り気のない言葉に触れて、松橋さんは自分を振り返りました。

自分は皆さんの気持ちを少しも受けとめていない、と思ったのです。

「自分のことばかり考えていた。でも、皆はここまで私のことを気にかけ、心配してくれていた。いったい何を考えていたのだろう」

次回の研鑽の場に参加し、皆さんにお詫びしようと心に決めました。

そして、久しぶりに出会う仲間に、自分の気持ちを吐露し、これからの決心をお話ししました。

すると、何とメンバーの皆さんは「謝らなければならないのは自分たちの方だ」と言ってくれたのです。思いもよらないことでした。

自分を苦しめていたのは何よりも自分自身の想いだった——。

こうしたいくつかの出来事を通じて、そしてまた「魂の学」の研鑽を通じて、松橋さんは、障がいを抱いて生きることに対して、1つの確信を持つに至ったのです。

それは、**「耳が聞こえないことが不幸なのではなく、聞こえないことを不幸だと思ってしまう心が不幸なのだ」**ということです。

変わりゆく運命——人生は3段階で進化する

この想いの転換は、松橋さんにとって決定的でした。

どんな人生の条件であろうと、どんな人生の現実であろうと、それを受けとめ、その人生の道に応えて生きることができる——。魂としての自分自身を信じる転換だったのです。

松橋さんの中に強く根づいていた想い——。

聴覚障がいを抱く自分たちは、他の人たちより劣っている。価値がない。自分たちはたいしたことはできない。願いなんかあっても果たすことなどできない……。

そういうものの見方や考え方を180度変えて、「生まれてきてよかった。本当に生まれてきたかった」と思える転換が訪れる——。

それがどれほど稀有なことでしょうか。その背景には、奥様や家族との心の絆、同じ「魂の学」を学ぶ仲間との友情、そして亡き母親が想いを伝えてきたときの魂の実感、私と話をしているときの魂の自由な感覚があります。

さらに何よりも、松橋さんにとって人生を決定的に変えてしまった「魂の学」のまなざしがあります。

それは、**人生進化の3段階――あらゆる人生は、「こうだったから、こうなってしまった人生」から始まり、「こうだったけれど、こうなれた人生」を経て、「こうだったからこそ、こうなれた人生」に至るという魂進化の法則です。**

私が講演や著書を通じてこの法則を伝えたとき、松橋さんは、まるで天地がひっくり返るほどの衝撃を受けました。これまでの人生の歩みの中で、「魂の学」の研鑽と実践によって、つかみつつあった人生の真実が鮮やかに示されている。このまなざしによって、同じ人生がまったく違って見える――。そう思ったのです。

私たちは、自分が生まれる前にあったもの、外から与えられた人生の条件を、運命だと思っています。

しかし、**運命は、外から与えられるだけではない。外から与えられるものと、それを受けとめる私たちの心によってつくられるもの。**

運命＝外からやってくる力＋内から迎え撃つ力――。ならば、私たちは、自分で運命をつくってゆくことができる。運命の重心を自分に取り戻すことができる。どうにもならないと嘆いていた運命を逆転することもできるのです。

講演をする松橋英司さん。なぜ耳の聞こえない松橋さんが講演をするようになったのか。それは、松橋さんの魂に秘められた可能性を直観した著者の勧めと、松橋さん自身が、著者が講演する姿に、自らがめざすモデルを見出したところから始まった。「こうだったから、こうなってしまった人生」→「こうだったけれど、こうなれた人生」→「こうだったからこそ、こうなれた人生」という人生進化の３段階を歩む松橋さんの姿は、障がいを抱く方々のみならず、多くの人々に深い希望と励ましを与えている。

人生進化の3段階──①「こうだったから、こうなってしまった人生」

変えることのできない人生の条件によって、不可避的に、自動的につくられてゆく人生の段階。それが第1段階の「こうだったから、こうなってしまった人生」です。

松橋さんが病によって聴覚を失い、障がいという重荷を背負って人生を歩まなければならなかったこと、それがこの第1段階です。

貧しさの中で、心を小さくしたり、世間を恨んで被害者意識に満ちた人生をつくってしまったりすることはめずらしいことではありません。両親から愛されずに育った人は、人と世界を深く信じることはできなくなります。住んでいる地域が差別を受けていたり、スラム街であったりすれば、負の影響を免れることはできないでしょう。

一方、何不自由ない人生の条件でも、そのことによってスポイルされてしまう魂もあります。恵まれた中で自己中心的な性格を強めてしまったり、「何とかなるだろう」という強い猶予感覚を持ってしまったりします。それらはみな、「こうだったから、こうなってしまった人生」と言えるのです。

人生進化の3段階

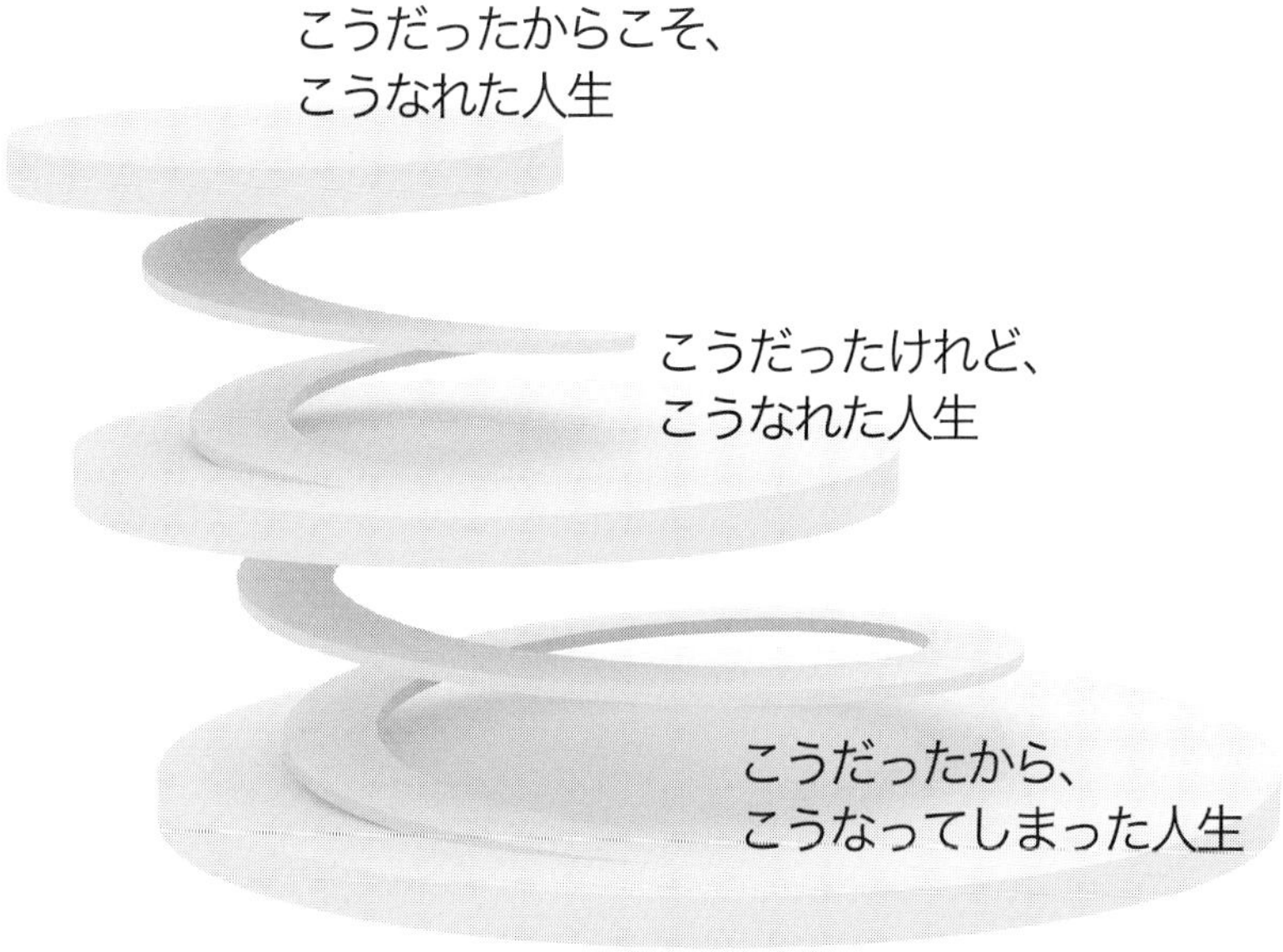

こうだったからこそ、
こうなれた人生

こうだったけれど、
こうなれた人生

こうだったから、
こうなってしまった人生

図12

人生進化の3段階──②「こうだったけれど、こうなれた人生」

誰も[だれ]が3つの「ち」という条件に縛[しば]られる以上、負[ふ]の条件のない人生はありません。

しかし、それでも、その負の条件に屈[くっ]することなく、生きる人たちがいます。

松橋さんは障がいを背負いながら、家族の多大な支えと、当時最高の教育、そして自らの努力によって口話[こうわ]の力を身につけ、歯科技工士として社会の中で生きる基盤をつくりました。

貧しい生[お]い立[た]ちの中でも、卑屈になることなく、努力してひとかどの人物になる人、恵[めぐ]まれた条件の中でも高慢[こうまん]さとは無縁[むえん]の生き方を示す人もいます。

人生が抱[かか]える負の条件を跳[は]ね返し、多くの困難を乗り越えて生きる段階。それが第2段階の「こうだったけれど、こうなれた人生」です。

この段階に至[いた]ることは、素晴[すば]らしいことです。

しかし、驚くべきは、人生にはその先があるのです。

人生進化の3段階──③「こうだったからこそ、こうなれた人生」

負の条件を跳[は]ね返すだけではなく、その条件を背負わなければ気づけなかった生き方を現してゆくとき、人生はさらなる深い次元に導かれてゆきます。

孤独に堪えて強くなるだけではない。貧しさを跳ね返して富を築くだけではない。孤独をとことん味わったからこそ、孤独に苦しむ人の気持ちがわかり、本当の意味で手を差し伸べることができる。貧しさの中で苦しんだからこそ、後に得た富を同じ苦しみの中であえぐ人々に還元する生き方を示すことができるのです。

人生の負の条件を体験し、それを本当の意味で乗り越える段階――第3段階は「こうだったからこそ、こうなれた人生」です。

思い出してください。

松橋さんは、人生の中で、「耳が聞こえないことが不幸なのではなく、聞こえないことを不幸だと思ってしまう心が不幸なのだ」という心境に達しました。

聴覚を失っても、失われることのない人生の価値――。

松橋さんは、そのことを多くの人々に、講演を通じて、生き方を通じて、訴えているのです。それは、痛みや困難を抱えた人生を歩んできた松橋さんだからこそ、できる挑戦と言えるのではないでしょうか。

それこそ、世界にただ1つの松橋さんの人生に託されたミッション（使命）――。

現れるべくして現れた応え方であり、予定されていた青写真にほかなりません。
人生進化の第3段階「こうだったからこそ、こうなれた人生」は、人生に隠れていた青写真が花開くときなのです。

本書に登場したプロローグの佐々木一義さんも、1章の園まりさんも、2章の中島広宣さんも、3章の伊藤信幸さんも同じです。それぞれが、自らの人生のすべてを、負の条件を含めて昇華しているのです。

この方々だけではありません。**人生進化の3段階は、あなたの人生にも、もともと用意されています。その進化をあなたの魂と人生は待っているのです。**

◎本書の内容をさらに深く知りたい方へ

本書の内容をさらに深く知りたいと思われる方には、高橋佳子氏が提唱する「魂の学」を学び実践する場、GLAがあります。
詳しくは下記までご連絡ください。

GLA
〒111-0034 東京都台東区雷門2-18-3　Tel.03-3843-7001
http://www.gla.or.jp/

また、高橋佳子氏の講演会が、毎年、全国各地で開催されています。
詳しい開催概要等については、以下までお問い合わせください。

高橋佳子講演会実行委員会
お問い合わせ専用ダイヤル Tel.03-5828-1587
http://www.keikotakahashi-lecture.jp/

著者プロフィール

高橋佳子（たかはしけいこ）

1956年、東京生まれ。現代社会が抱える様々な課題の根本に、人間が永遠の生命としての「魂の原点」を見失った存在の空洞化があると説き、その原点回復を導く新たな人間観・世界観を「魂の学」として集成。誰もが、日々の生活の中でその道を歩めるように、実践の原則と手法を体系化している。

現在、「魂の学」の実践団体GLAを主宰し、講義や個人指導は年間300回以上に及ぶ。あらゆる世代・職業の人々の人生に寄り添い、導くとともに、日本と世界の未来を見すえて、経営・医療・教育・法務・芸術など、様々な分野の専門家への指導にもあたる。魂の次元から現実の問題を捉える卓越した対話指導は、まさに「人生と仕事の総合コンサルタント」として、各方面から絶大な信頼が寄せられている。

1992年から一般に向けて各地で開催する講演会には、これまでに延べ100万人を超える人々が参加。主な著書に、『未来は変えられる！』『魂主義という生き方』『1億総自己ベストの時代』『希望の王国』『魂の発見』『新・祈りのみち』『あなたが生まれてきた理由』（以上、三宝出版）ほか多数。

運命の逆転――奇跡は1つの選択から始まった

2016年10月16日　初版第1刷発行
2017年5月19日　初版第3刷発行

著　者　高橋佳子
発行者　仲澤　敏
発行所　三宝出版株式会社
〒111-0034　東京都台東区雷門2-3-10
電話　03-5828-0600　http://www.sampoh.co.jp/
印刷所　株式会社アクティブ
装　幀　戸田正寿
表紙書　加藤シオー

ISBN978-4-87928-107-4